Meine Lady Caprice

Jeffery Farnol

Writat

Diese Ausgabe erschien im Jahr 2024

ISBN: 9789359947464

Herausgegeben von
Writat
E-Mail: info@writat.com

Inhalt

Ich
bin eine Schatzkammer

Ich saß da und angelte. Natürlich hatte ich nichts gefangen – das tue ich selten, und ich angele auch nicht im Geringsten, aber ich angelte trotzdem fleißig, weil die Umstände es erforderten.

Das Ganze geschah durch Lady Warburton, Lisbeths Tante mütterlicherseits. Wer Lisbeth ist, werden Sie erfahren, wenn Sie sich die Mühe machen, diese wahrheitsgetreuen Berichte zu lesen – für den Moment genügt es, dass sie seit ihrer Jugend eine Waise war und keine lebenden Verwandten hatte außer ihrer verheirateten Schwester Julia und ihrer Tante (mit großem A) – der oben erwähnten Lady Warburton.

Lady Warburton ist klein und etwas knochig, hat ein spitzes Kinn und eine noch spitzere Nase und trägt stets eine Lorgnette; außerdem verfügt sie über viele weltliche Güter.

Genau vor einer Woche hatte Lady Warburton mich gebeten, sie aufzusuchen – hatte mich mit merkwürdiger Genauigkeit durch ihre Lorgnette betrachtet und sanft, aber bestimmt (Lady Warburton ist immer bestimmt) angedeutet, dass Elizabeth zwar ein liebes Kind, aber jung und ein wenig eigensinnig sei. Dass sie (Lady Warburton) der Meinung sei, dass Elizabeth die Freundschaft, die so lange zwischen uns bestanden hatte, für etwas Stärkeres gehalten habe. Obwohl sie (Lady Warburton) durchaus zu schätzen wisse, dass jemand, der Bücher und gelegentlich ein Theaterstück schrieb, nicht unbedingt unmoralisch sei –, sei ich natürlich trotzdem eine schreckliche Bohemien, und die Atmosphäre der Bohemiens sei nicht dazu geeignet, zu jenem Grad an ehelicher Harmonie beizutragen, den sie (Lady Warburton) als Elizabeths Tante, die für sie an Stelle einer Mutter stehe, sich wünschen könne. Dass daher unter diesen Umständen meine Aufmerksamkeit – usw. usw. sei.

Hier muss ich mir selbst gegenüber ehrlich sein, dass ich trotz ihrer Redegewandtheit zunächst versucht hatte, Widerstand zu leisten. Doch wer konnte schon hoffen, einer Frau mit solch einer unbezwingbaren Nase und einem so unbezwingbaren Kinn erfolgreich Paroli zu bieten, die zudem ein Lorgnon mit so tödlicher Präzision ausrichten konnte? Wäre Lisbeth an meiner Seite gewesen, wäre die Lage vielleicht schon damals anders gewesen. Doch sie war aufs Land gefahren – so hatte Lady Warburton mich informiert. So war es ihr gelungen, mir allein und ihrer Gnade ausgeliefert ein halbes Versprechen abzuringen, dass ich meine Aufmerksamkeiten für die Dauer von sechs Monaten einstellen würde, „um der lieben Elizabeth Zeit zu geben, ihre eigene Meinung zu dieser Angelegenheit zu erfahren".

Das war letzten Montag. Am darauffolgenden Mittwoch, als ich ziellos die Piccadilly entlangwanderte, im Zwiespalt mit dem Schicksal und mir selbst, aber vor allem mit mir selbst, fiel mein Blick auf die Herzogin von Chelsea.

Die Duchess ist im Volksmund als „Conversational Brook" bekannt, da sie, wenn sie einmal angefangen hat, ewig weitergeht. Daher war ich in meiner damaligen Gemütsverfassung mit einem Gefühl der Rebellion, als ich dem Ruf ihres Sonnenschirms folgte und zur Kutsche hinüberging.

„Sie ist also weg?", begrüßte sie mich, als ich meinen Hut lüftete. „Lisbeth", nickte sie, „ich habe zufällig etwas über sie gehört, wissen Sie."

Es ist vielleicht seltsam, aber die Herzogin „hört" im Allgemeinen „zufällig" etwas über alles. „Und du hast dich tatsächlich dazu drängen lassen, dieses Versprechen abzugeben – Dick! Dick! Ich schäme mich für dich."

„Wie sollte ich mir selbst helfen?", begann ich. „Sehen Sie –"

„Armer Junge!", sagte die Herzogin und tätschelte mich liebevoll mit dem Griff ihres Sonnenschirms. „Das war natürlich nicht zu erwarten. Wissen Sie, ich kenne sie – vor vielen, vielen Jahren war ich mit Agatha Warburton in der Schule."

„Aber sie hat damals wahrscheinlich keine Lorgnons benutzt und …"

„Ihre Nase war allerdings genauso spitz – ich nannte sie immer spitz", nickte die Herzogin. „Und sie hat Lisbeth tatsächlich fortgeschickt – liebes Kind – und noch dazu an einen so schrecklichen, stillen kleinen Ort, wo sie niemanden zum Reden hat außer diesem jungen Selwyn.

„Ich bitte um Verzeihung, Herzogin, aber –"

„Horace Selwyn aus Selwyn Park – Vetter von Lord Selwyn aus Brankesmere . Agatha hat das schon lange im Geheimen geplant, wissen Sie. Natürlich wäre es in gewisser Weise eine gute Partie – reich und so – aber ich muss sagen, er langweilt mich schrecklich – so ernst und genau!"

„Wirklich!", rief ich aus. „ Wollen Sie damit sagen –"

„Ich nehme an, sie wird sie verheiraten, bevor sie es merken – Agatha ist furchtbar entschlossen. Ihr Charakter liegt in ihrer Nase und ihrem Kinn."

„Aber Lisbeth ist kein Kind – sie hat ihren eigenen Willen und –"

„Stimmt", nickte die Herzogin, „aber ist es Agathas Kinn ebenbürtig? Und außerdem ist es mehr als möglich, dass Sie mittlerweile zum Gegenstand ihrer bittersten Verachtung geworden sind.

„Aber, meine liebe Herzogin –"

„Oh, Agatha ist eine geborene Diplomatin. Natürlich hat sie Ihnen schon vorher geschrieben, und ohne es tatsächlich auszusprechen, hat sie es geschafft, die Tatsache zu vermitteln, dass Sie ein Monster der Niedertracht sind; und Lisbeth, das arme Kind, weint sich wahrscheinlich die Augen aus oder bildet sich ein, Sie zu hassen, und ist aus reiner Verärgerung bereit, den ersten Antrag anzunehmen, den sie erhält."

„Großer Gott!", rief ich aus, „ was in aller Welt kann ich tun?"

„Sie könnten angeln gehen", schlug die Herzogin nachdenklich vor.

„Angeln!", wiederholte ich, „– äh , sicher, aber–"

„Riverdale ist ein sehr hübscher Ort, sagt man mir", fuhr die Herzogin in demselben nachdenklichen Ton fort. „Dort gibt es ein Haus, ein schönes altes Haus namens Fane Court. Es steht dem Fluss zugewandt und grenzt, glaube ich, an Selwyn Park."

„Herzogin", rief ich aus, während ich die Adresse auf meine Manschette kritzelte, „ich schulde Ihnen einen Dank, den ich niemals –"

„Tss, tss!", sagte Ihre Gnaden.

„Ich glaube, ich werde heute anfangen und –"

„Das könnte man wirklich nicht besser machen", nickte die Herzogin.

Und so geschah es, dass ich an diesem Augustnachmittag im Schatten der Erlen saß und fischte, während der Rauch meiner Pfeife in die Sonne emporstieg.

Durch geschicktes Befragen hatte ich meinem Gastgeber, den Drei lustigen Anglern, den genauen Standort von Fane Court, dem Wohnsitz von Lisbeths Schwester, entlockt und, seinen Anweisungen folgend, diesen abgeschiedenen Ort gewählt, von dem aus ich durch einfaches Drehen meines Kopfes einen Blick auf die hohen Schornsteine über dem wogenden Grün der Baumwipfel erhaschen konnte.

Es ist schön, an einem heißen Sommernachmittag in einer schattigen Laube auf dem Rücken zu liegen und durch ein Gewirr von Zweigen in das grenzenlose Blau dahinter zu starren, während die Luft erfüllt ist vom Rascheln der Blätter und dem Murmeln des Wassers im Schilf. Oder sich auf die Ellbogen gestützt zu lehnen und zuzusehen, wie schwitzende Elende, kurzatmig und mit purpurnem Gesicht, Boote flussaufwärts oder flussabwärts treiben, wobei sich jeder in dem Glauben täuscht, er genieße es. Das Leben unter solchen Bedingungen mag, wie ich schon sagte, sehr schön erscheinen; doch ich war nicht glücklich. Die Worte der Herzogin schienen mich überall zu umgeben.

„Du bist mittlerweile zum Gegenstand ihrer bittersten Verachtung geworden", schluchzte der Wind.

„Du bist geworden", usw., usw., stöhnte der Fluss. Daher sah ich meinem Treffen mit Lisbeth mit nicht geringer Beklommenheit entgegen.

In diesem Moment teilten sich die Büsche und ein Junge erschien. Er war ein ziemlich kleiner Junge, gekleidet in einen Samtanzug mit Spitzenkragen, beides war reichlich mit Schlamm bespritzt. Er trug seine Schuhe und Strümpfe unter einem Arm und schwang in der anderen Hand einen Haselnusszweig. Er stand mit weit gespreizten kleinen braunen Beinen da und betrachtete mich mit kritischem Blick; aber als er schließlich sprach, war seine Haltung ausgesprochen freundlich.

"Hallo, Mann!"

„Hallo", erwiderte ich. „Und wer sind Sie?"

„Also, mein richtiger Name ist Reginald Augustus, aber sie nennen mich ‚Der Kobold'."

„Das kann ich mir gut vorstellen", sagte ich und beäugte seine schlammbedeckte Person.

„Wenn Sie gestatten, was ist ein Kobold?"

„Ein Kobold ist eine Art – Engel."

„Aber", wandte er nach kurzem Nachdenken ein, „ich habe keine Flügel und so – oder eine Trompete."

„Ihre Art hat weder Flügel noch Trompeten."

„Oh, ich verstehe", sagte er und begann, sich mit seinen Strümpfen den Schlamm von den Beinen zu wischen.

„Du bist ziemlich schmutzig, oder?", deutete ich an. Der Junge warf einen verstohlenen Blick auf seine schmutzige Person.

„ Ich fürchte , ich bin auch ein ganz klein wenig nass", sagte er zögernd. „Weißt du, ich habe bei den Römern gespielt und musste waten, weil ich der Fahnenträger war, der ins Meer sprang, sein Schwert schwang und rief: ‚Folgt mir!' Du erinnerst dich doch an ihn, oder? Er steht in den Geschichtsbüchern."

„Gewiss", nickte ich, „eine wahrhaft heroische Persönlichkeit. Aber wenn Sie die Römer waren, wo waren dann die alten Briten?"

„Oh, das war das Schilf, weißt du; du hättest sehen sollen, wie ich es erschlug. Es war wunderbar; es ging zu Boden wie – wie –“

„Korn vor der Sichel“, schlug ich vor.

„Ja, gerade eben!“, rief er. „Der Kampf tobte stundenlang.“

„Sie müssen ziemlich müde sein.“

„Natürlich nicht“, antwortete er mit empörtem Blick. „Ich bin kein Mädchen – und ich bin auch fast neun.“

„Ich schließe aus Ihrem Tonfall, dass Sie dem Sex gegenüber nicht besonders aufgeschlossen sind – Sie stehen nicht auf Mädchen, was, Imp?“

"Sollte man meinen", erwiderte er; "Mädchen sind alberne Dinger. Da ist Dorothy, wissen Sie; wir haben neulich Hinrichtungen gespielt – sie war Maria Stuart und ich war der Henker. Ich habe eine schöne Axt aus Holz und Silberpapier gemacht, wissen Sie; und als ich ihr den Kopf abschlug, weinte sie schrecklich, und ich gab ihr nur einen ganz kleinen Klaps – und dafür schickten sie mich um sechs Uhr ins Bett. Ich glaube, sie weinte mit Absicht – furchtbar schäbig, nicht wahr?"

„Mein lieber Kobold“, sagte ich, „je älter du wirst, desto deutlicher wird dir die Verderbtheit des Geschlechts bewusst.“

„Weißt du, ich mag dich“, sagte er und sah mich nachdenklich an. „Ich finde dich toll.“

„Das ist aber sehr nett von Ihnen, Kobold. Wie meine Artgenossen habe auch ich eine Schwäche für Schmeicheleien. Fahren Sie bitte fort.“

„Ich meine, ich finde dich lustig.“

„Was das betrifft“, sagte ich, schüttelte den Kopf und seufzte, „ der Schein ist oft sehr trügerisch; im Herzen vieler schöner Blüten befindet sich ein Krebswurm.“

„Ich mag Würmer auch furchtbar gern“, sagte der Kobold .

"In der Tat?"

„Ja. Ich habe gestern eine ganze Tasche voll bekommen, aber Tante hat es herausgefunden und mich gezwungen, sie alle wieder gehen zu lassen.“

„Ach ja“, sagte ich mitfühlend, „das war die Frau dahinter.“

„Jetzt habe ich nur noch einen“, fuhr der Kobold fort, steckte eine Hand in die Tasche seiner Knickerbocker, zog einen etwa 15 cm langen schleimigen Wurm heraus und hielt ihn mir auf seiner kleinen, schmutzigen Handfläche hin.

„Er ist schön dick!", sagte ich.

„Ja", nickte der Kobold, „ich habe ihn unter den Stachelbeerbüschen gefangen", und er ließ es wieder in seine Tasche fallen und begann, seine Schuhe und Strümpfe anzuziehen.

„ Ich fürchte, ich bin ein bisschen schmutzig", sagte er plötzlich.

„Oh, bei dir könnte es schlimmer sein", antwortete ich beruhigend.

„Denken Sie, dass sie es bemerken werden?", erkundigte er sich und verdrehte sich schrecklich, um seinen Rücken sehen zu können.

„Nun", zögerte ich, „es kommt ganz darauf an, wissen Sie."

„Dorothy, Betty, die Köchin, und die Gouvernante stören mich nicht – ich denke an Tante Lisbeth."

„Tante – wer?", rief ich, ohne Rücksicht auf die Grammatik.

„Tante Lisbeth", wiederholte der Kobold.

"Wie ist sie?"

„Oh, sie ist groß geworden, aber sie ist lieb. Sie ist gekommen, um auf Dorothy und mich aufzupassen, während Mutter weggeht, um lieb und stark zu werden – oh, Tante Lisbeth ist nett, wissen Sie."

„Mit schwarzen Haaren und blauen Augen?"

Der Kobold nickte.

„Und ein Grübchen im Mundwinkel?", fuhr ich verträumt fort. „Ein Grübchen, das einen Mann zum – alten Herrn höchstpersönlich führen würde."

"Welcher, alter Herr?"

„Oh, ein ziemlich anrüchiger alter Herr", antwortete ich ausweichend.

„Und kennen Sie meine Tante Lisbeth?"

„Ich halte es für äußerst wahrscheinlich – tatsächlich bin ich mir dessen sicher."

„Dann könnten Sie mir bitte Ihr Taschentuch leihen. Ich habe meins als Flagge an einen Busch gebunden, und es ist weggeweht worden."

„Komm lieber her, dann massiere ich dich, mein Kobold." Er gehorchte und bedankte sich überschwänglich.

„Hast du Tanten?", erkundigte er sich, als ich mich an seiner schlammigen Person zu schaffen machte .

„Nein", antwortete ich kopfschüttelnd. „Leider sind meine alle Tanten und das ist etwas völlig anderes."

„Oh", sagte der Kobold und musterte mich mit einem verwirrten Gesichtsausdruck. „Sind sie nett? Ich meine, lesen sie einem jemals aus dem Geschichtsbuch vor und helfen einem beim Segeln und Paddeln?"

„Paddel?", wiederholte ich

"Ja, meine Tante Lisbeth. Neulich sind wir furchtbar früh aufgestanden und spazieren gegangen. Wir kamen zum Fluss, also haben wir unsere Schuhe und Strümpfe ausgezogen und sind gepaddelt. Es war so lustig, weißt du. Und als Tante nicht hinsah, habe ich einen Frosch gefunden und ihn in ihren Strumpf gesteckt."

„Sehr strategisch, mein Kobold! Und?"

„Es war furchtbar komisch", sagte er und lächelte verträumt. „Als sie es anziehen wollte, stieß sie einen kleinen, hoch erhobenen Schrei aus, so wie Dorothy es tut, wenn ich sie ein bisschen kneife – und dann warf sie beide weg, weil sie Angst hatte, dass Frösche in beiden waren. Dann zog sie ihre Schuhe ohne Strümpfe an, also versteckte ich sie."

„Wo?", rief ich eifrig.

„Reggie!", rief eine Stimme aus einiger Entfernung – eine Stimme, die ich mit einem Schauder erkannte . „Reggie!"

„Kobold, möchtest du eine halbe Krone?"

„Das würde ich natürlich; aber Sie könnten mir bitte den Rücken waschen", und er begann, sich fieberhaft mit seiner Mütze zu reiben, wie mit einer Scheuerbürste.

„Schau mal", sagte ich und zog die Münze heraus, „sag mir, wo du sie versteckt hast – schnell – und ich gebe dir das hier." Der Kobold streckte seine Hand aus, aber gerade als er das tat, teilten sich die Büsche und Lisbeth stand vor uns. Sie stieß einen leisen Schrei der Überraschung aus, als sie mich sah, und runzelte dann die Stirn.

„Du?", rief sie.

„Ja", antwortete ich und lüftete meine Mütze. Und da hielt ich inne und versuchte verzweifelt, mich an die Rede zu erinnern, die ich so sorgfältig vorbereitet hatte – die Begrüßung, die mein Verhalten erklären und ihren Groll von Anfang an entwaffnen sollte. Aber so sehr ich mir auch den Kopf zerbrach, ich konnte an nichts anderes denken als an den Vorwurf in ihren Augen – ihren verächtlichen Mund und ihr Kinn – und an diesen einen eindringlichen Satz:

„Ich nehme an, ich bin mittlerweile zum Gegenstand Ihrer bittersten Verachtung geworden?"', hörte ich mich sagen.

„Meine Tante hat mich über – über alles informiert, und natürlich –"

„Lassen Sie es mich erklären", begann ich.

„Wirklich, das ist überhaupt nicht nötig."

„Aber, Lisbeth, ich muss – ich bestehe darauf –"

„Reginald", sagte sie und wandte sich dem Kobold zu, der immer noch mit seiner Mütze beschäftigt war, „es ist fast Teezeit und – warum, was hast du dir nur angetan?"

„Seit einer halben Stunde", warf ich ein, „haben wir unsere Meinungen über Sex ausgetauscht."

„Und wir reden über Würmer", fügte der Kobold hinzu. „Dieser Mann mag auch Würmer, Tante Lisbeth – ich mag ihn."

„Danke", sagte ich, „aber ich möchte Sie bitten, Ihre sehr distanzierte Anrede fallen zu lassen. Nennen Sie mich Onkel Dick."

„Aber Sie sind nicht mein Onkel Dick, wissen Sie", wandte er ein.

„Noch nicht, vielleicht; aber man weiß nie, was eines Tages passieren kann , wenn deine Tante uns für würdig hält – also nimm die Zeit bei den Schopf, mein Teufel, und nenne mich Onkel Dick."

Was auch immer Lisbeth gesagt haben mochte oder nicht, wurde durch das Getrappel von Schritten vereitelt, und ein kleines Mädchen trippelte in ihr Blickfeld, mit einem kleinen, flauschigen Kätzchen im Arm.

„Oh, Tante Lisbeth", begann sie, hielt aber inne, um mich über den Rücken des flauschigen Kätzchens hinweg anzustarren.

„Hallo, Dorothy!", rief der Kobold. „Das ist Onkel Dick. Du kannst herkommen und ihm die Hand schütteln, wenn du willst."

„Ich wusste nicht, dass ich einen Onkel Dick habe", sagte Dorothy zögernd.

„Oh ja, es ist alles in Ordnung", antwortete der Kobold beruhigend. „Ich habe ihn gefunden, weißt du, und er mag auch Würmer!"

„Wie geht es dir, Onkel Dick?", sagte sie auf eine altmodische, drollige Art. „Reginald findet immer etwas, weißt du, und er mag auch Würmer!" Dorothy gab mir sittsam ihre Hand.

Von irgendwo in der Nähe ertönte das silberne Läuten einer Glocke.

„Na, da ist ja die Teeglocke!", rief Lisbeth aus. „Und Reginald, du musst diese schmutzigen Kleider wechseln. Verabschiedet euch von Mr. Brent, Kinder, und kommt mit."

„Kobold", flüsterte ich, als die anderen sich abwandten, „wo hast du die Strümpfe versteckt?" Und ich ließ die Halbkrone in seine bereitliegende Hand gleiten.

„Am Fluss steht ein Baum – sehr groß und furchtbar fett, wissen Sie, mit vielen hervorstehenden Ästen und einem Loch im Bauch – da sind sie drin."

„Reginald!", rief Lisbeth.

„Flussaufwärts oder flussabwärts?"

„Da entlang", antwortete er und deutete vage flussabwärts . Dann nickte er, sodass ihm die gelben Locken in die Augen stiegen, und huschte davon.

„Entlang des Flusses", wiederholte ich, „in einem großen, dicken Baum mit vielen abstehenden Ästen!" Das klang ein wenig vage, dachte ich – aber ich konnte es ja versuchen. Also packte ich meine Angel ein und machte mich auf die Suche.

Es war vielleicht seltsam, aber fast jeder Baum, den ich sah, schien entweder „groß" oder „dick" zu sein – und alle hatten „herausstehende" Äste.

Die Sonne stand also bereits tief im Westen und ich zündete gerade meine fünfte Pfeife an, als mir endlich der fragliche Baum auffiel.

Es war eine große, gekappte Eiche, die am Rande des Baches stand und leicht an ihrer ungewöhnlichen Größe und der Tatsache zu erkennen war, dass sie irgendwann einmal vom Blitz durchbohrt worden war. Schließlich war die Beschreibung des Kobolds im Wesentlichen richtig gewesen; sie war „fett", ungeheuer fett: und ich eilte freudig weiter.

Ich war noch ein Stück entfernt, als ich in der Ferne das Flattern eines weißen Rockes hörte und – ja, tatsächlich war da Lisbeth, sie ging ebenfalls schnell und war dem Baum viel näher als ich.

Von einer plötzlichen Überzeugung getrieben, ließ ich meine Angel fallen und begann zu rennen. Sofort begann auch Lisbeth zu rennen. Ich warf meinen Korb weg und rannte, so gut ich konnte. Ich hatte mir während meiner Universitätszeit in dieser Hinsicht ein wenig Ruhm erworben, und doch kam ich mit nur wenigen Metern Vorsprung am Baum an. Ich warf mich auf die Knie und begann fieberhaft zu suchen, und bald – mehr durch Glück als durch irgendetwas anderes – stießen meine zufälligen Finger auf ein weiches, seidenes Bündel. Als Lisbeth hochkam, errötet und keuchend, hielt ich sie in meinen Händen.

„Gib sie mir!“, rief sie.

"Es tut mir Leid-"

„Bitte“, flehte sie.

"Es tut mir sehr leid-"

„Mr. Brent“, sagte Lisbeth und richtete sich auf, „ich werde Sie wegen meiner – ihnen belästigen.“

„Verzeihen Sie, Lisbeth“, antwortete ich, „aber wenn ich mich an das Gesetz über ‚Schatzkammern‘ erinnere, sollte einer davon an die Krone gehen und einer gehört mir.“

Lisbeth wurde ziemlich wütend – eine ihrer wenigen schlechten Eigenschaften.

„Sie werden sie sofort aufgeben – sofort?

„Im Gegenteil“, sagte ich sehr sanft, „da die Krone für das eine keine Verwendung hat, werde ich sie beide behalten, um von ihnen zu träumen, wenn die Nächte lang und einsam sind.“

Lisbeth stampfte tatsächlich mit dem Fuß auf, und ich steckte „sie“ in meine Tasche.

„Woher wussten Sie, dass sie – dass sie hier waren?“, erkundigte sie sich nach einer Pause.

„Ich wurde zu einem Baum mit herausstehenden Ästen geleitet“, antwortete ich.

„Oh, dieser Kobold!“, rief sie und stampfte erneut mit dem Fuß auf.

„Wissen Sie, dass ich meinen Neffen schon ziemlich ins Herz geschlossen habe?“, sagte ich.

„Er ist nicht dein Neffe“, rief Lisbeth ganz hitzig.

„Nicht legal vielleicht; da könnten Sie uns eine große Hilfe sein, Lisbeth. Ein Junge, der nur hier und da eine Tante hat, ist sozusagen unausgeglichen; er braucht den stärkeren Einfluss eines Onkels. Nicht“, fuhr ich hastig fort, „dass ich Tanten geringschätzen würde – übrigens hat er nur eine, glaube ich?“ Lisbeth nickte kalt.

„Natürlich“, nickte ich, „und ich hatte großes Glück dabei – außerordentliches Glück. Vor Jahren, als ich ein Junge war, hatte ich drei, und alle von ihnen waren sozusagen unbeschriebene Blätter. Ich meine, keiner von ihnen hat mir je aus dem Geschichtsbuch vorgelesen oder mir beim Segeln geholfen oder ist gepaddelt und hat seine … Nein, meiner hat mir immer Vorträge über meine Haare und Nägel gehalten, das weiß ich noch, und mich über die große Teekanne hinweg angestarrt, bis ich an meiner Teetasse erstickt bin. Eine wahrhaft trostlose Kindheit. Ich hatte keinen Onkel mit der großen Faust, der mir einen überzeugenden Schlag versetzt hätte, wenn ich es brauchte; hätte mir das Glück einen geschenkt, wäre ich vielleicht ein ganz anderer Mensch geworden, Lisbeth. Du siehst in mir ein schreckliches Beispiel dafür, was aus jemandem werden kann, dessen Kindheit ohne Onkel war."

„Wenn Sie so freundlich wären und mir mein – mein Eigentum zurückgeben würden."

„Meine liebe Lisbeth", seufzte ich, „sei vernünftig; reden wir doch über etwas anderes", und ich versuchte, wenn auch völlig vergeblich, ihre Aufmerksamkeit auf die Pracht des Sonnenuntergangs zu lenken.

In der Nähe lag ein umgestürzter Baum , auf den sich Lisbeth mit einer gewissen entschlossenen Haltung ihres kleinen, runden Kinns setzte, die ich gut kannte.

„Und wie lange wollen Sie mich hier festhalten?", fragte sie resigniert.

„Immer, wenn es nach mir ginge."

„Wirklich?", sagte sie, und ganze Bände könnten niemals den ganzen Spott beschreiben, den sie in dieses eine Wort packen konnte. „Sehen Sie", fuhr sie fort, „nach dem, was Tante Agatha mir geschrieben und erzählt hat –"

„Lisbeth", unterbrach ich sie, „wenn du nur –"

„Ich habe natürlich angenommen –"

„Wenn Sie mich nur erklären lassen würden –"

„Dass du dich an das Versprechen hältst, das du ihr gegeben hast, und wartest –"

„Bis du dein eigenes Herz kanntest", warf ich ein. „Die Frage ist, wie lange wirst du dafür brauchen? Wahrscheinlich, wenn du mir erlaubst, es dir beizubringen –"

„Ihre Anwesenheit hier stempelt Sie als – als schrecklich betrügerisch ab!"

„Zweifellos", nickte ich. „Aber wissen Sie, als ich dumm genug war, dieses Versprechen zu geben, erwähnte Ihre vortreffliche Tante ihre Absichten in Bezug auf einen gewissen Mr. Selwyn mit keinem Wort."

„Oh!", rief Lisbeth. Und da ich das Gefühl hatte, etwas erreicht zu haben, fuhr ich mit verdoppeltem Eifer fort :

„Sie gab mir zu verstehen, dass sie Ihnen lediglich Zeit geben wollte, um herauszufinden, wie Sie in dieser Angelegenheit auf die Sache reagieren. Nun, wie ich bereits sagte, wie lange werden Sie brauchen, um das herauszufinden, Lisbeth?"

Sie saß da, das Kinn in die Hand gestützt, und starrte geradeaus. Ihre schwarzen Brauen waren noch immer zu einem Stirnrunzeln zusammengezogen. Aber ich beobachtete ihren Mund – genau dort, wo sich die scharlachrote Unterlippe nach oben krümmte, um ihren Gegenpart zu treffen.

Lisbeths Mund ist vielleicht ein wenig breit und hat ziemlich volle Lippen, und irgendwo in einem Winkel – ich kann nie ganz sicher sein, wo genau er ist, weil sein Aussehen in der Regel so sehr meteorisch ist – ist ein Grübchen. Wenn es jemals einen arglosen Verräter auf dieser Welt gab, dann ist es dieses Grübchen; denn mag ihr Gesichtsausdruck noch so arglos sein, mögen ihre wehmütigen Augen sich erheben und in ihren blauen Tiefen Tränen fließen, wider Willen wird dieses Grübchen zum Leben erwachen und alles in einem Augenblick zunichtemachen. So war es jetzt, während ich zusah, wie es um ihre Lippen zitterte, und als sie sich betrogen fühlte, verschwand das Stirnrunzeln völlig und sie lächelte. „Und jetzt, Dick, nehmen wir an, du gibst mir mein – mein –"

„Unter Vorbehalt", sagte ich und setzte mich neben sie.

Die Sonne war untergegangen und von irgendwo aus dem violetten Schatten des Waldes drang der reiche, tiefe Gesang einer Amsel zu uns, mit gelegentlichen Pausen, unterbrochen vom Rascheln der Blätter und dem fernen Brüllen der Kühe.

„Nicht weit vom Dorf Down in Kent", begann ich verträumt, „steht ein altes Haus mit urigen, hohen Giebeldächern und gewundenen Tudor-Schornsteinen! Vor vielen Jahren war es das Zuhause schöner Damen und galanter Herren, aber sein Glanz ist längst vorbei. Und doch, Lisbeth, wenn ich zu einer Stunde wie dieser daran denke und mit dir an meiner Seite, frage ich mich, ob wir es nicht gemeinsam schaffen könnten, die alte Ordnung der Dinge wiederherzustellen."

Lisbeth schwieg.

„Es hat einen wunderschönen altmodischen Rosengarten und du liebst Rosen, Lisbeth."

„Ja", murmelte sie. „Ich mag Rosen sehr."

„Sie würden jetzt in voller Blüte stehen", meinte ich.

Es gab eine weitere Pause, während der die Amsel drei oder vier schwierige Arien mit erstaunlicher Leichtigkeit und Präzision vortrug.

„Tante Agatha liebt auch Rosen!", sagte Lisbeth schließlich sehr ernst. „Arme, liebe Tante, ich frage mich, was sie sagen würde, wenn sie uns jetzt sehen könnte?"

„Solche Dinge überlässt man besser der Fantasie", antwortete ich.

„Ich sollte ihr schreiben und es ihr sagen", murmelte Lisbeth.

„Aber das wirst du natürlich nicht tun?"

„Nein, das werde ich nicht tun, wenn-"

"Also?"

„Wenn du sie mir gibst."

„Eins", wandte ich ein.

"Beide!"

„Unter einer Bedingung also – nur einmal, Lisbeth?"

Ihre Lippen waren ganz nah, ihre Wimpern hingen herab, und für einen köstlichen Moment zögerte sie. Dann spürte ich ein leichtes Ziehen an meiner Manteltasche und sprang auf, und sie war weg, mit „ihnen" in der Hand.

„Betrug!", rief ich und nahm die Verfolgung auf.

Es gibt einen Pfad durch den Wald, der zu den Büschen von Pane Court führt. Sie floh diesen entlang, und ihr Lachen trug der Wind zu mir. Ich war dicht bei ihr, als sie das Tor erreichte, hindurchsauste und sich umdrehte, errötet, aber triumphierend.

„Ich habe gewonnen!", spottete sie und nickte mir zu.

„Wer kann mit der Doppelzüngigkeit einer Frau fertig werden?", entgegnete ich. „Aber, Lisbeth, willst du mir eine geben – nur eine?"

"Es würde das Paar verderben."

„Oh, also gut", seufzte ich, „gute Nacht, Lisbeth", und ich hob meine Mütze und wandte mich ab.

Hinter mir ertönte lautes Gelächter , etwas traf meine Wange sanft, und ich bückte mich und hob das auf, was halb ausgerollt zu meinen Füßen lag. Doch als ich mich umsah, war Lisbeth verschwunden.

Also steckte ich „sie" sofort in meine Tasche und ging langsam den Flussweg entlang zurück zur gastfreundlichen Unterkunft der Drei lustigen Angler.

II
DER SHERIFF VON NOTTINGHAM

An einem goldenen Nachmittag neben einem Fluss zu sitzen und seiner geflüsterten Melodie zu lauschen, während die Luft um einen herum nach Sommer duftet und vom Summen unsichtbarer Flügel erfüllt ist! – Welcher gewöhnliche Sterbliche könnte sich mehr wünschen? Und doch war ich, obwohl ich mir dieser schönen Welt um mich herum bewusst war, immer noch unzufrieden , denn meine Welt war unvollständig – nein, ihr fehlte ihr wesentlichster Charme, und ich saß mit gestreckten Ohren da und wartete auf Lisbeths zufälligen Schritt auf dem Weg und das leise Flüstern ihrer Röcke.

Die Franzosen sind in der Tat ein großartiges Volk, denn neben vielen anderen Dingen haben sie als einzige das magische Geräusch eingefangen, das die Kleidung einer Frau beim Gehen macht, und es der Welt in dem einen Wort „frou-frou" weitergegeben.

O wunderbares Wort! O erhabenes Wort! Wie voll bist du von zarter Andeutung! Wahrlich, es kann für männliche Ohren an einem goldenen Sommernachmittag – oder auch zu jeder anderen Zeit – keinen süßeren Klang geben als das sanfte „Frou-Frou", das ihm sagt, dass SIE kommt.

An diesem Punkt wurden meine Gedanken durch etwas unterbrochen, das durch die Luft wirbelte und ins Wasser vor meinen Füßen klatschte. Als ich einen Blick auf dieses Objekt erhascht hatte, erkannte ich die laut klingende Grillenmütze, die der Kobold anhatte, und ich griff danach und zog sie mit dem Ende meiner Angel heraus. Es war ein scheußliches Ding in Rot, Weiß, Blau und Grün – ein wirklich furchtbares Ding und daher bei seinem Besitzer sehr wertvoll, wie ich wusste.

Hinter mir erhob sich das Ufer etwa vier bis fünf Fuß, gekrönt von Weiden und Unterholz, von dessen anderer Seite nun ein gewaltiges Rascheln und Keuchen zu hören war. Ich erhob mich also, teilte die Blätter mit äußerster Vorsicht und erblickte den Kobold selbst.

Er war bis an die Zähne bewaffnet – das heißt, an seinem Oberschenkel hing ein Holzschwert, an seinem Gürtel hing ein Blechhorn und er trug Pfeil und Bogen. Ihm gegenüber stand ein anderer Junge, der besonders zerlumpte Knie und Ellbogen hatte, die Hände in den Taschen vergraben und grinste.

„Halt, du gemeiner Schurke!", rief der Kobold und legte einen Pfeil auf die Sehne. „Halt und schieß los! Gib mir meine Mütze, du Schurke, du!" Das Grinsen des Jungen wurde breiter.

„Gib mir meine Mütze, gemeiner Sklave, oder ich erschieße dich – bei meiner Treue!" Während er sprach, zielte der Kobold mit seinem Pfeil, woraufhin der Junge sich sofort duckte.

„Ich habe deine Mütze nicht ", grinste er aus dem Schutz seines Arms. „Sie ist weg und hat sich in den Fluss gestürzt !" Der Kobold ließ seinen Pfeil fliegen, woraufhin der Base Varlet mit einem Schrei antwortete.

„Ja!", rief er spöttisch, als der Kobold mit einer melodramatischen Geste sein Schwert zog . „Ja! Leg den Stock weg, und ich werde gegen dich kämpfen ."

Der Kobold wehrte sich empört dagegen, dass seine treue Waffe „Stock" genannt wurde – „und ich glaube nicht", fuhr er fort, „dass Robin Hood jemals ohne sein Schwert gekämpft hat. Mal sehen, was in dem Buch steht", und er zog einen sehr zerknitterten, in Papier eingebundenen Band aus seiner Tasche, den er mit gerunzelter Stirn durchlas, während der gemeine Knappe ihn mit offenem Mund beobachtete.

„Oh ja", nickte der Kobold, „es ist alles in Ordnung. Hör dir das an!" Und er las mit strenger, tiefer Stimme Folgendes vor:

„„Dann warf Robin seine treue Klinge weg, legte seinen knotigen Arm bloß und näherte sich dem heimtückischen Schurken mit vielen lustigen Sprüchen und Scherzen, bereit für den wilden Todesgriff.""

Hierauf legte der Kobold sein Buch und seine Waffen beiseite und krempelte seinen Ärmel hoch. Nachdem er dies zu seiner Zufriedenheit getan hatte, wandte er sich dem Base Varlet zu.

„Zur Strecke, du heimtückischer Schurke!", rief er, und daraufhin entbrannte ein erbitterter und harter Kampf.

Wenn sein Gegner größer war, machte der Kobold das durch sein Gewicht wett – er ist ein besonders kräftiger Kobold – und so dauerte der Kampf etwa fünf Minuten, ohne dass einer von beiden einen nennenswerten Vorteil hatte, bis der Kobold beim Ausweichen vor einem der verzweifelten Angriffe des Gegners stolperte, das Gleichgewicht verlor und ich ihn im nächsten Moment mit meinen Armen gefangen hatte. Eine Weile blieb „der Feind" keuchend auf dem Ufer über ihm, dann drehte er sich mit einem weiteren Schrei um und rannte in die Büsche davon.

„Hallo, Kobold!", sagte ich.

„Hallo, Onkel Dick!", erwiderte er.

„Verletzt?", fragte ich.

„Eine kleine Wunde an der Nase, wissen Sie“, antwortete er und wischte das Organ mit seinem Taschentuch ab. „Aber haben Sie gesehen, wie ich ‚dem Knecht‘ aufs Auge geschlagen habe?“

„Hast du, Kobold?“

„Ich denke schon, Onkel Dick. Ich wünschte nur, ich hätte ihn zur Kapitulation gezwungen. In dem Buch steht, dass Robin Hood seine Feinde immer dazu brachte, sich zu ergeben und auf zitternden Knien um ihr Leben zu betteln! Oh, es muss schön sein, seine Feinde auf den Knien zu sehen!“

„Besonders wenn sie zittern“, fügte ich hinzu.

„Glauben Sie , dieser Junge – ich meine, dieser gemeine Schurke – hätte sich ergeben?“

„Zweifellos – wenn er Sie nicht vorher zufällig über die Böschung gestoßen hätte.“

„Oh!“, murmelte der Kobold ziemlich zweifelnd.

„Übrigens“, sagte ich, während ich meine Pfeife stopfte, „wo ist deine Tante Lisbeth?“

„Also, ich habe sie mit Pfeil und Bogen auf den großen Apfelbaum gejagt.“

„Natürlich“, nickte ich. „Sehr richtig und angemessen!“

„Sehen Sie“, erklärte er, „ich wollte, dass sie ein wilder Elefant wird, aber das wollte sie nicht.“

„Äußerst unhöflich von ihr!“

„Ja, nicht wahr? Als sie oben war, habe ich die Leiter weggenommen und sie versteckt.“

„Sehr strategisch, mein Kobold.“

„Dann verwandelte ich mich in Robin Hood. Ich hängte meine Mütze an einen Busch, um darauf zu schießen, wissen Sie, und ‚der Base Varlet‘ kam und rannte damit davon.“

„Und da ist es“, sagte ich und zeigte dorthin, wo es lag. Der Kobold nahm es mit überschwänglichem Dank entgegen, wrang das Wasser aus, klatschte es auf seine Locken und setzte sich neben mich.

mein Onkel sein möchte “, begann er.

„Oh, tatsächlich?“

„Ja, aber ich will nicht mehr, weißt du.“

„Natürlich nicht. Einer wie ich reicht für deine alltäglichen Bedürfnisse aus – was, mein Kobold?"

Der Kobold nickte. „Es war gestern", fuhr er fort. „Er kam, um Tante Lisbeth zu besuchen, und ich fand sie im Gartenhaus im Obstgarten. Und ich hörte ihn sagen: ‚Miss Elizabeth , Sie sind hübscher denn je!'"

„Hat er das wirklich, verdammt sei er! "

„Ja, und dann sah Tante Lisbeth albern aus, und dann sah er mich hinter einem Baum und er sah auch albern aus. Dann sagte er: ‚Komm her, kleiner Mann!' Und ich ging, wissen Sie, obwohl ich es hasse, ‚kleiner Mann' genannt zu werden. Dann sagte er, er würde mir einen Schilling geben, wenn ich ihn Onkel Frank nennen würde."

„Und was hast du geantwortet?"

„ Ich fürchte , ich bin furchtbar böse", seufzte der Kobold und schüttelte den Kopf, „ denn ich habe ihm eine gewaltige Lüge erzählt."

„Hast du, Kobold?"

"Ja. Ich sagte, ich wolle seinen Schilling nicht, und ich will ihn, wissen Sie, ganz bestimmt nicht, um mir davon eine Federpistole zu kaufen."

Federdruckpistole machen lässt ", antwortete ich. „Und er gefällt Ihnen also nicht, was?"

„Das sollte man wohl nicht glauben", erwiderte der Kobold prompt. „Er ist immer so – so schrecklich sauber und trägt einen kleinen Schnurrbart mit ganz winzigen spitzen Spitzen.

„ Wer so etwas tut, verdient alles, was er bekommt", sagte ich kopfschüttelnd. „Und wie heißt er?"

„Der ehrenwerte Frank Selwyn, und er lebt in Selwyn Park – dem Haus neben unserem."

„Oho!", rief ich und pfiff.

„Onkel Dick", sagte der Kobold und unterbrach damit einen etwas unangenehmen Gedankengang, der durch diese Nachricht in ihm aufkam, „willst du kommen und Little-John unter dem fröhlichen grünen Baum sein? Willst du?"

„Was weißt du denn über den ‚fröhlichen grünen Wald', Imp?"

„Oh, jede Menge!", antwortete er und zog hastig das zerfledderte Buch heraus. „Darin geht es um Robin Hood und Little-John. Ben, der Gärtnersohn, hat es mir geliehen. Robin Hood war ein feiner Kerl und Little-

John auch, und sie legten Hinterhalte, nahmen den Sheriff von Nottingham und alle möglichen schäbigen Barone gefangen und banden sie an Bäume.

„Mein Kobold", sagte ich kopfschüttelnd, „die Zeiten haben sich leider geändert. In diesen degenerierten Tagen kann man Barone – ob Schurken oder nicht – nicht an Bäume binden."

„Nein, das glaube ich nicht", seufzte der Kobold traurig, „aber ich wünschte, du wärst Little-John, Onkel Dick."

„Oh, gewiß, Imp, wenn es dich glücklicher macht; obwohl, freilich, mutiger Robin", fuhr ich in der Art der Märchenbücher fort, „Little-John hat vor, eine Weile hier zu bleiben und sich mit sich selbst zu unterhalten; doch stoße nur einmal in dein Signalhorn, und du wirst meinen Arm und meinen Langstock bereit und willig genug vorfinden, das wette ich dir!"

„Das klingt ja ganz toll, Onkel Dick, aber du hast ja keinen Langstock, weißt du."

„Ja, hier ist es!", antwortete ich und löste das untere Teil meiner Angelrute. Der Kobold erhob sich, verschränkte die Arme und musterte mich, wie es Robin Hood höchstpersönlich getan hätte – nämlich mit einem „Feuerauge".

"So sei es, mein treuer Little-John", sagte er, "wir treffen uns um Mitternacht an der verfluchten Eiche. Und wenn ich um Hilfe rufe - ich meine, in mein Horn blase -, kommst du und rettest mich, nicht wahr, Onkel Dick?"

„Ja, vertrauen Sie mir", antwortete ich ganz ahnungslos.

„ Schon gut!", nickte der Kobold, drehte sich mit einer Handbewegung um, kletterte das Ufer hinauf und verschwand. Von der Existenz von Mr. Selwyn war ich mir bereits bewusst, da ich, wie ich in der vorangegangenen Erzählung berichtet habe, von der Herzogin in diesem Punkt benachrichtigt worden war. Nun, ein Rivale in der Luft – sozusagen abstrakt – ist eine Sache, aber ein Rivale, der auf ausreichend vertrauter Basis stand, um mit persönlichen Komplimenten zu handeln, und vor allem einer, der bereits von den Machthabern in der Person von Lady Warburton – Lisbeths beeindruckender Tante – anerkannt und ermutigt wurde, war eine ganz andere Überlegung.

„Miss Elizabeth, Sie sind hübscher als je zuvor!"

Irgendwie ärgerte ihn dieser Ausdruck. Welches Recht hatte er, ihr solche Dinge zu erzählen? – und dann noch in einem Gartenhaus; die unerträgliche Dreistigkeit des Kerls!

Da eine Pfeife für diesen Anlass unverzichtbar war, holte ich meine Streichholzschachtel heraus und stellte fest, dass sie nur eine einzige Vesta enthielt .

Der Nachmittag war bisher heiß und still gewesen, kein Lüftchen war zu spüren; aber kaum wollte ich das Streichholz anzünden, da kam von irgendwo – wer weiß wo – plötzlich ein Windstoß, der das glasklare Wasser des Flusses kräuselte und jedes Blatt flüstern ließ. Ich wartete auf eine Gelegenheit, die mir günstig schien , und zündete mit äußerster Vorsicht ein Feuer an. Es flackerte einen Moment lang kränklich zwischen meinen schützenden Handflächen und erlosch sofort.

Dies ist nur ein Beispiel für den „Geist des Perversen", der alle weltlichen Dinge durchdringt und den wir armen Sterblichen so gut wie möglich ertragen müssen. Deshalb warf ich das verkohlte Streichholz weg, suchte vergeblich in meinen Taschen nach einem neuen und wartete philosophisch darauf, dass ein „barmherziger Samariter" vorbeikäme. Das erwähnte Ufer neigte sich zu meiner Linken sanft ab und bot so eine ungestörte Sicht auf den Weg.

Während ich nun diesem gewundenen Pfad folgte, bemerkte ich in einiger Entfernung einen Menschen, der auf Händen und Knien kroch und offensichtlich nach etwas suchte. Während ich zusah, gelang es ihm, einen Panamahut unter einem Busch hervorzukrabbeln, ihn sorgfältig mit seinem Taschentuch abzustauben, ihn wieder auf den Kopf zu setzen und seinen Weg fortzusetzen.

In der schwachen Hoffnung, dass sich in einer Ecke meiner Taschen ein loses Streichholz versteckt haben könnte, durchsuchte ich sie noch einmal sorgfältiger, aber leider ohne größeren Erfolg. Daraufhin gab ich auf und drehte mich um, um einen Blick auf die sich nähernde Gestalt zu werfen. Man kann sich mein Erstaunen leicht vorstellen, als ich ihn in genau derselben Haltung wie zuvor erblickte – das heißt auf Händen und Knien.

Ich rätselte noch über dieses Phänomen, als er wieder den Panamahut am Ende der Jagdpeitsche, die er trug, ausstrich, ihn wie zuvor abstaubte, währenddessen verwirrt um sich blickte, ihn fest auf den Kopf setzte und den Weg herunterkam. Er war ein großer junger Mann, peinlich genau und gepflegt, von der Politur seiner braunen Reitstiefel bis zu seinem kleinen, glatten Schnurrbart, der mit viel Sorgfalt gescheitelt und in zwei feine Spitzen gedreht war. Sein ganzer Körper strahlte eine unbeschreibliche Aura selbstgefälliger Zufriedenheit aus, aber seine Persönlichkeit trug er sozusagen in seinem Schnurrbart, der zwar klein, wie ich sage, und aufs Haar genau war, sich einem aber auf eine leicht unangenehme Weise aufdrängte. Als ich das alles bemerkte, dachte ich, ich könnte im Bedarfsfall eine sehr gute Vermutung über seine Identität anstellen.

Plötzlich, während ich ihn beobachtete – wie ein Vogel, der aus seinem Nest aufsteigt – erhob sich der ergebene Panamahut in die Luft, drehte sich ein- oder zweimal um und flatterte (ich benutze das Wort im übertragenen Sinn) in einen Brombeerbusch. Schimpfwörter standen ihm in jeder Linie ins Gesicht geschrieben, während er dastand und um sich blickte, die Jagdpeitsche zitternd in seiner Hand.

Genau in diesem Augenblick fiel sein Blick auf mich, und er hielt nur kurz inne, um seine unglückliche Kopfbedeckung wieder aufzusetzen, dann schritt er auf meinen Platz zu. „Wissen Sie irgendetwas darüber?", fragte er in etwas aggressivem Ton und hielt dabei ein Stück schwarzen Faden hoch.

„Ein Stück gewöhnlicher Packfaden", antwortete ich und tat so, als würde ich es mit kritischem Blick untersuchen.

„Wissen Sie etwas darüber?", sagte er erneut, offensichtlich sehr schlecht gelaunt.

„Sir", antwortete ich, „das tue ich nicht."

„Denn wenn ich denken würde, dass du das tust –"

„Sir", unterbrach ich ihn, „Sie werden mich entschuldigen, aber das scheint ein sehr bemerkenswerter Hut von Ihnen zu sein."

„Ich wiederhole, wenn ich dachte, Sie hätten es getan –"

„Natürlich", fuhr ich fort, „jedem nach seinem Geschmack, aber persönlich bevorzuge ich einen mit weniger ‚gymnastischen' und mehr ‚Stay-at-home-Qualitäten'."

Die Jagdgerte wurde drohend erhoben.

„Mr. Selwyn?", fragte ich im Plauderton.

Die Jagdpeitsche zögerte und wurde gesenkt.

„Nun, Sir?"

„Ah, das dachte ich mir", sagte ich und verbeugte mich. „Erlauben Sie mir, Ihre Großzügigkeit insoweit auszunutzen, als ich Ihnen ein Paar schenke – oder sagen wir, ein paar."

Mr. Selwyn starrte noch einen Moment auf mich herab, und ich sah, wie sich die Spitzen seines Schnurrbarts vor Empörung kräuselten. Dann drehte er sich, ohne eine Antwort zu geben, auf dem Absatz um und schritt davon. Er war jedoch nicht mehr als dreißig oder vierzig Schritte gegangen, als ich ihn anhalten und wild fluchen hörte – ich musste nicht hinsehen, um den Grund zu erfahren –, muss ich gestehen, dass ich schmunzeln musste. Aber meine Fröhlichkeit währte nicht lange, denn einen Moment später ertönte das schwache Quietschen eines Horns, gefolgt von einem Schrei und der Stimme des Kobolds, die in höchster Not erklang.

„Little-John! Little-John! Zur Rettung!", rief es.

Ich zögerte, denn ich gebe offen zu, dass ich, als ich dem Kobold dieses Versprechen gab, kaum erwartete, dass ich es erfüllen müsste. Aber ein Versprechen ist ein Versprechen: Also seufzte ich, nahm das Ende meiner Angelrute und kletterte das Ufer hinauf. Als ich in die Richtung der Schreie blickte, sah ich Robin Hood im empörten Griff des Feindes kämpfen.

Nun, wie ich sah, standen mir nur zwei Vorgehensweisen offen – die ernste oder die geradezu groteske. Natürlich entschied ich mich für die letztere und stolzierte mit dem Langstock auf der Schulter den Weg hinunter, mit einer Miene, um die mich Little-John selbst hätte beneiden können.

„Verdammt noch mal!", rief ich und sah den erstaunten Mr. Selwyn an. „Wer wagt es, Hand an den frechen Robin Hood zu legen? – Weg mit dir, gemeiner Schurke, geh fort, oder ich werde dir wahrscheinlich eine üble Ohrfeige auf deinen Schädel verpassen!"

Mr. Selwyn ließ den Kobold los und starrte mich sprachlos und erstaunt an, was auch nicht weiter schlimm war.

„Sehen Sie, Herr", fuhr ich fort, um den Geist der Sache zu verstehen, „niemand legt Hand an Robin Hood, solange Little-John einen Stab schwingen oder eine Bogensehne spannen kann – nein, beim heiligen Cuthbert!"

Der Kobold hatte sich in eine sichere Entfernung zurückgezogen und stand lauschend in einer verzückten Kasse. Er besann sich auf seine Rolle, kramte das zerfledderte Buch hervor und begann verstohlen darin zu blättern. Mr. Selwyn fuhr sich nur über den Schnurrbart und starrte.

„Ja, aber ich erkenne dich ", fuhr ich fort, „an deinem schlauen und listigen Blick, an deinem gewellten Umhang und deiner Dienstkette. Ich erkenne dich als den gleichen Sheriff von Nottingham, der unseren Untergang geschworen hat. Geh! Hast du daran gedacht, Robin zu fangen – im Wald? Raus mit dir! Deine Jahre hätten dich klüger lehren sollen. Raus mit dir!"

„Jetzt werde ich fressen" – begann der Kobold und hielt das Buch sorgfältig hinter sich, „jetzt werde ich meine Rache fressen – auf die Knie für einen schäbigen Schurken!"

„Ja, beim heiligen Benedikt!" Ich nickte, „ es wäre gut, wenn er von hier bis Nottingham Town auf seinem Mark Buße tun würde; aber da du stark bist – sei gnädig, Robin."

Mr. Selwyn rollte noch immer die Spitze seines Schnurrbarts.

„Bist du verrückt", fragte er, „oder nur betrunken?"

„Das geht Sie nichts an, guter Herr Sheriff – aber merken Sie sich das ! Es ist nicht gut, sich in den Wald zu wagen, während Robin Hood und Little-John unterwegs sind.“

Mr. Selwyn zuckte mit den Schultern und wandte sich an den Kobold.

„Ich bin auf dem Weg zu Ihrer Tante Elizabeth und werde es mir zur Aufgabe machen, sie über Ihr Verhalten zu informieren und dafür zu sorgen, dass Sie angemessen bestraft werden. Was Sie betrifft, Sir“, fuhr er an mich gewandt fort, „so werde ich die Polizei informieren, dass ein Verrückter auf freiem Fuß ist.“

angesichts dieser doppelten Drohung offensichtlich sehr bestürzt, trat an meine Seite und steckte seine Hand in meine, die ich sofort einsteckte.

„Lieber Herr Sheriff“, sagte ich und schnappte mir in echter Outlaw-Manier die Mütze vom Kopf, „der Weg ist lang und ziemlich einsam; mich dünkt – deshalb werden wir Sie begleiten und vielleicht die Langeweile mit einem witzigen Späßchen und einem lustigen Schlag oder so etwas auflockern.“

Als ich die wütende Erwiderung auf Mr. Selwyns Lippen sah, brach ich in folgendes Liedchen aus, dessen Worte ich zur Melodie von „Bonnie Dundee“ improvisierte :

Es lebte ein Sheriff in Nottinghamshire ,
mit einem Hey Derry Down und einem Down;
Er mochte gutes Rindfleisch, aber noch lieber Bier, mit einem Hey Derry Down und einem Down

Als wir das Tor zum Strauchwerk erreichten, war der Kobold in Ekstase und Mr. Selwyn erneut sprachlos und erstaunt. Hier trennten sich unsere Wege. Mr. Selwyn wandte sich zum Haus, während der Kobold und ich uns zum Obstgarten auf der Rückseite begaben.

„Onkel Dick“, sagte er und hielt plötzlich inne, „glauben Sie, er wird es erzählen – wirklich?“

„Mein lieber Kobold“, antwortete ich, „ein Mann mit spitzen Schnurrbart ist zu allem fähig.“

„Dann werde ich dafür ins Bett geschickt, das weiß ich!“

„Über einen Faden zu laufen, der quer über den Weg gespannt war, muss sehr ärgerlich gewesen sein“, sagte ich und schüttelte nachdenklich den Kopf, „vor allem mit einem brandneuen Hut!“

„Das waren bloß ‚Hinterhalte‘, weißt du, Onkel Dick.“

„Gewiss", nickte ich. „Jetzt hör mal, mein Kobold, hier ist ein Schilling. Geh und kauf dir die Federdruckpistole, von der du sprachst, und lass dir dabei Zeit. Ich werde sehen, was sich in der Zwischenzeit tun lässt."

Der Kobold konnte sich nur unverständlich bedanken.

„Das ist schon in Ordnung", sagte ich, „ aber du solltest dich beeilen."

Er gehorchte eifrig und verschwand in Richtung Dorf, während ich weiter zum Obstgarten ging, um Lisbeth zu suchen. Und tatsächlich fand ich sie bald – das heißt, einen Teil von ihr, denn das Laub dieses Baumes war zufällig sehr dicht und ich konnte nur einen halben Meter von ihr sehen.

Es war auch ein ausgesprochen köstlicher Fuß, klein und wohlgeformt, der kühn hin und her schwang; ein Fuß in einem völlig deplatzierten kleinen Lackschuh, über dem der schmale, seidene Knöchel hervorschaute.

Ich näherte mich leise, sozusagen mit meiner Seele in den Augen, doch trotz meiner Vorsicht schien sie sich meiner Anwesenheit irgendwie bewusst zu werden – der Fuß stockte und verschwand, als die Blätter sich teilten und Lisbeth auf mich herabblickte.

„Oh, du bist es?", sagte sie, und ich hatte den Eindruck, dass sie ganz zufrieden war. „Irgendwo in der Nähe findest du eine Trittleiter – es kann nicht sehr weit sein."

„Danke", antwortete ich, „aber ich möchte keins."

„Nein, aber ich will runter. Dieser elende kleine Kobold hat die Leiter versteckt und ich bin den ganzen Nachmittag hier gewesen", jammerte sie.

„Aber du hast dich ja geweigert, ein Elefant zu sein", erinnerte ich sie.

„Dafür soll er zu Bett gehen – gleich nach dem Tee!" sagte sie.

„Lisbeth", erwiderte ich, „ich bin der festen Überzeugung, dass Ihr Wesen viel zu sanft und nachsichtig ist –"

"Ich will runter!"

„Gewiss", sagte ich. „Lege deinen linken Fuß in meine rechte Hand, halte dich am Ast über dir fest und lass dich sanft in meine Arme sinken."

„Oh!", rief sie plötzlich aus, „da kommt Mr. Selwyn", und als ich ihrem Blick folgte, sah ich in der Ferne einen Panamakanal näherkommen.

„Lisbeth", sagte ich, „möchtest du ihn unbedingt sehen?"

„In dieser lächerlichen Situation – natürlich nicht!"

„Also gut, versteck dich – setz dich einfach dort hin und überlass die Sache mir und –"

„Psst", flüsterte sie, und in diesem Moment kam Selwyn in Sicht. Als er mich sah, blieb er offensichtlich überrascht stehen.

„Mir wurde gesagt, ich würde Miss Elizabeth hier finden", sagte er steif.

„Es scheint fast, als ob Sie falsch informiert worden wären", antwortete ich. Einen Moment lang schien er unentschlossen, was er tun sollte. Würde er weggehen?, fragte ich mich. Offensichtlich nicht, denn nachdem er sich umgesehen hatte, setzte er sich mit einer gewissen Entschlossenheit, die mir nicht gefiel, auf eine rustikale Bank in der Nähe. Ich musste ihn um jeden Preis loswerden.

„Sir", sagte ich, „darf ich Ihre Großzügigkeit in Anspruch nehmen und Ihnen ein Streichholz oder sagen wir ein paar Streichhölzer schenken?" Nach kurzem Zögern zog er eine sehr hübsche silberne Streichholzschachtel hervor und reichte sie mir.

„Ein schöner Tag, Sir?", sagte ich und paffte an meiner Pfeife.

Herr Selwyn gab keine Antwort.

„Ich habe gehört, dass die Ernte dieses Jahr besonders gut aussieht", fuhr ich fort.

Mr. Selwyn schien völlig in die Betrachtung eines nebenstehenden Baumes versunken zu sein.

„Für mich ist ein alter Apfelbaum etwas ganz Besonderes", begann ich erneut, „schöne , knorrige Zweige, wissen Sie."

Mr. Selwyn begann unruhig zu werden.

„Und dann", fuhr ich fort, „erzählen sie mir, dass Äpfel so gut für das Blut sind."

Mr. Selwyn richtete seinen Blick auf die Spitze seines Reitstiefels, und eine Weile herrschte Stille, so sehr, dass ein neugieriges Kaninchen anschlich, sich hinsetzte und uns voller Interesse beobachtete, bis es sich – offensichtlich erinnerte es sich an eine dringende Verpflichtung – mit einem Aufblitzen seines weißen Schwanzes verschwand.

„Apropos Kaninchen", sagte ich, „in Australien sind sie, glaube ich, eine ziemliche Plage und werden zu Tausenden ausgerottet. Ich habe mich oft gefragt, ob man nicht ein Syndikat gründen könnte, um die Felle zu erwerben. Diese Idee ist, soweit ich weiß, originell, aber Sie können sie gerne annehmen, wenn …"

Mr. Selwyn stand abrupt auf.

„Als Kind hatte ich einmal ein Kaninchen – von der Art mit Hängeohren“, fuhr ich fort, „das sich überfraß und starb. Ich erinnere mich, dass ich versuchte, es zu häuten, mit schlimmen Folgen –“

„Sir“, sagte Mr. Selwyn. „Ich möchte Ihnen mitteilen, dass ich mich nicht für Kaninchen interessiere, weder für Kaninchen mit Hängeohren noch für andere, und auch nicht beabsichtige, mir eines anzuschaffen. Außerdem –“

Doch in diesem Moment meines Triumphs, als er sich zum Gehen wandte, flatterte etwas Kleines, Weißes von den Zweigen herab, und im nächsten Moment bückte sich Selwyn und hob ein Spitzentaschentuch auf. Dann, während er es anstarrte und ich ihn, ertönte ein Lachen, und Lisbeth spähte durch die Blätter zu uns herab.

„Mein Taschentuch – danke“, sagte sie, als Selwyn etwas verblüfft über ihr plötzliches Auftauchen dastand.

„Die Bäume hier tragen sicherlich sehr bemerkenswerte, um nicht zu sagen köstliche Früchte“, sagte er.

„Und wie Sie sich erinnern werden, hatte ich Apfelbäume immer besonders gern“, warf ich ein.

„Mr. Selwyn“, lächelte Lisbeth, „lassen Sie mich Ihnen Mr. Brent vorstellen.“

„Sir“, sagte ich, „es freut mich, Ihre Bekanntschaft zu machen. Haben Sie Ihre Gnaden von Chelsea von Ihnen sprechen hören? Ich nehme an, ihre Freunde sind meine?“

Mr. Selwyns Verbeugung war mehr als distanziert.

„Ich hatte bereits das Vergnügen, diesen – sehr originellen – Herrn kennenzulernen, und zwar unter ziemlich merkwürdigen Umständen, Miss Elizabeth“, sagte er und stürzte sich sogleich in einen Bericht über die ganze Angelegenheit mit den „Hinterhalten“, während Lisbeth, die auf ihrem hohen Thron thront, uns mit immer größer werdendem Erstaunen musterte.

„Was soll das alles bedeuten?“, fragte sie, als Mr. Selwyn fertig war.

„Dann müssen Sie wissen“, erklärte ich und stützte mich auf meinen Langstock, „dass der Kobold sich in den Kopf gesetzt hatte, Robin Hood zu werden; ich war Little-John, und Mr. Selwyn hier war so freundlich, die Rolle des Sheriffs von Nottingham zu übernehmen –“

„Ich bitte um Verzeihung“, rief Mr. Selwyn empört und wandte sich mit feurigem Blick mir zu.

„Jeder erinnert sich an die unsterblichen Heldentaten von Robin und seinen , lustigen Männern‘“, fuhr ich fort, „und Sie werden sich natürlich daran erinnern, dass sie die Angewohnheit hatten, den Sheriff zu fangen und ihn an Bäume und ähnliches zu fesseln. Natürlich ging der Kobold nicht so weit. Er begnügte sich damit, lediglich den Hut des Sheriffs zu erbeuten – ich denke, Sie werden mir zustimmen, dass diese ‚Hinterhalte‘ wie am Schnürchen liefen, Mr. Selwyn?“

„Miss Elizabeth“, sagte er und verachtete jede Antwort, „ich bin mir der Zuneigung bewusst, die Sie Ihrem Neffen entgegenbringen; ich hoffe, Sie werden Maßnahmen ergreifen, um ihn in Zukunft von solchen Streichen – solchen sehr schändlichen Streichen – abzuhalten. Ich selbst würde einen Gesellschaftswechsel vorschlagen (hier warf er mir einen Blick zu), da dies die heilsamste Methode wäre. Guten Tag, Miss Elizabeth.“ Mit diesen Worten lüftete Mr. Selwyn seinen Hut, verbeugte sich steif vor mir, drehte sich empört auf dem Absatz um und schritt hochmütig davon.

„Na!“, rief Lisbeth mit einem Ausdruck echter Besorgnis.

„Sehr gut, wirklich!“, nickte ich. „Endlich sind wir allein.“

„Oh, Dick! Aber ihn so beleidigt zu haben!“

„Ein höchst schätzenswerter junger Herr“, sagte ich, „obwohl ihm bedauerlicherweise jener rettende Sinn für Humor fehlt , der –“

„Tante Agatha scheint viel von ihm zu halten.“

„Das verstehe ich“, nickte ich.

„Erst heute Morgen erhielt ich einen Brief von ihr, in dem sie unter anderem darauf hinwies, was für eine ausgezeichnete Partie er wäre.“

"Und was denkst du?"

„Oh, ich stimme ihr natürlich zu; seine Familie reicht Jahrhunderte zurück vor die Zeit des Eroberers, und er besitzt zwei oder drei Besitztümer neben Selwyn Park und eines in Schottland.“

„Weißt du, Lisbeth, das erinnert mich an ein anderes Haus – überhaupt nicht groß oder prächtig, aber schon sehr alt; ein Haus, das nicht weit vom Dorf Down in Kent steht; ein Haus, das verfallen und verfallen wird, weil es keine Herrin mehr hat. Manchmal, wenn es gerade Abend wird, denke ich, es muss von den leichten Füßen und sanften Händen träumen, die es vor so vielen Jahren gekannt hat, und spürt seine Einsamkeit mehr denn je.“

„Armes altes Haus!“, sagte Lisbeth leise.

„Ja, ein Haus ist sehr menschlich, Lisbeth, besonders ein altes, und bedarf jener liebevollen Fürsorge, die nur eine Frau geben kann, genau wie wir selbst.“

„Liebes altes Haus!“ sagte Lisbeth sanfter als zuvor.

„Wie lange muss es noch warten – wann wirst du kommen und dich darum kümmern, Lisbeth?"

Sie erschrak, und als sich unsere Blicke trafen, kamen mir ihre Wangen etwas rosiger vor als sonst.

„Dick", sagte sie wehmütig, „ich wünschte, du würdest die Leiter holen. Es ist furchtbar unbequem, stundenlang auf einem Baum zu sitzen und –"

„Zunächst einmal, Lisbeth, wirst du dem Kobold vergeben – vollkommen und bereitwillig, nicht wahr?"

„Er soll ohne jeglichen Tee zu Bett gehen."

„Das wäre grausam, Lisbeth. Denken Sie daran, dass er noch ein heranwachsender Junge ist."

„Und ich habe den ganzen Nachmittag hier oben gehockt – zwischen Himmel und Erde."

„Warum kommst du dann nicht runter?", fragte ich.

„Wenn Sie nur die Leiter holen würden –"

„Wenn Sie bitte Ihren rechten Fuß in meinen—"

„Das werde ich nicht!", sagte Lisbeth.

„Wie Sie wünschen", nickte ich, setzte mich, nahm mechanisch meine Pfeife heraus und begann sie zu stopfen, während sie stirnrunzelnd ihr Buch öffnete. Und nachdem sie vielleicht zwei Minuten lang sehr fleißig gelesen hatte, zog sie ihre Uhr heraus und sah darauf. Ich tat dasselbe.

„Viertel vor fünf!", sagte ich.

Lisbeth blickte mit der Miene einer Person auf mich herab, die zwischen zwei Handlungsmöglichkeiten überlegt, und als sie schließlich sprach, war jede Spur von Verärgerung völlig verschwunden.

„Dick, ich habe furchtbaren Hunger."

„Ich auch", nickte ich.

„Es wäre schön, hier unter den Bäumen Tee zu trinken, nicht wahr?"

„Es wäre wirklich idyllisch!", sagte ich.

„Dann würden Sie bitte diese Leiter finden –"

„Wenn Sie versprechen, dem Kobold zu vergeben –"

„Ganz bestimmt nicht!", erwiderte sie.

„So sei es!", seufzte ich und setzte mich wieder. Als ich das tat, warf sie mir ihr Buch zu.

„Biest!", rief sie.

„Das heißt, Sie sind bereit zum Abstieg?", fragte ich, stand auf und legte den misshandelten Band neben meiner Pfeife auf einen rustikalen Tisch in der Nähe. „Sehr gut. Stellen Sie Ihren rechten Fuß in …"

„Oh, schon gut", sagte sie ziemlich ärgerlich und im nächsten Moment hatte ich sie in meinen Armen.

„Dick! Lass mich runter – sofort!"

„Einen Moment, Lisbeth; der Junge wächst noch heran –"

„Und soll ohne Tee ins Bett gehen!", unterbrach sie ihn.

„Also gut", sagte ich, und als sie die Absicht in meinen Augen las, versuchte sie völlig vergeblich, ihren Kopf zur Seite zu drehen.

„Du wirst merken, dass es völlig sinnlos ist, sich zu wehren, Lisbeth", warnte ich ihn. „Denke nur daran, dass er ein heranwachsender Junge ist."

„Und du bist ein Tier!", rief sie.

„Zweifellos", antwortete ich und beugte meinen Kopf näher zu ihren gereizten Lippen.

„Aber denken Sie an den Kobold im Bett, der dort liegt, schlaflos, ohne Tee , und dabei so schnell wächst, wie er kann."

Natürlich ergab sich Lisbeth, aber mein Triumph war von einer großen Enttäuschung getrübt.

„Sie werden ihm dann die ‚Hinterhalte' verzeihen und ihn mit viel Tee verwöhnen?", verlangte ich und blinzelte eine Haarsträhne weg, die höchst provokant kitzelte.

„Ja", sagte Lisbeth.

„Und kein Bett vor der gewohnten Zeit?"

„Nein", antwortete sie ganz gedämpft, „und jetzt setzen Sie mich bitte wieder ab." Also seufzte ich und gehorchte notgedrungen.

Sie stand einen Moment da und strich sich mit geschickten, weißen Fingern ihr widerspenstiges Haar zurecht, während sie mit einem fast herausfordernden Lachen in den Augen zu mir aufblickte. Ich machte einen hastigen Schritt auf sie zu, doch in diesem Moment tauchte der Kobold auf und die Gelegenheit war vertan.

„Hallo, Tante Lisbeth!" rief er und musterte sie verwundert; dann schweifte sein Blick umher, als suche er etwas.

„Wie hat sie das gemacht, Onkel Dick?", erkundigte er sich.

„Was tun, mein Kobold?"

„Warum, raus aus dem Baum?" Ich lächelte und sah Lisbeth an.

"Ist sie heruntergeklettert?"

„Nein", sagte ich kopfschüttelnd.

„Ist sie – runtergesprungen?"

„Nein, sie ist nicht runtergesprungen, mein Kobold."

„Na, ist sie – ist sie runtergeflogen?"

„Nein, und auch nicht runtergeflogen – sie ist einfach runtergekommen."

„Ja, aber wie hat sie-"

„Reginald", sagte Lisbeth, „lauf und sag den Mägden, sie sollen Tee hierher bringen – für drei."

„Drei?", wiederholte der Kobold. „Aber Dorothy ist zum Tee ausgegangen, weißt du – wird Onkel Dick …"

„Natürlich, Imp", nickte ich.

„Oh, das ist schön – Hurra, Little-John!", rief er und rannte los, um das Haus zu bewachen .

„Und du, Lisbeth?", sagte ich und hielt ihre Hände fest, „bist du auch froh?"

Lisbeth sagte nichts, aber ich war trotzdem zufrieden.

III
DIE DESPERADOES

Fane Court steht eingebettet in Bäume und verfügt über einen breiten Streifen sehr grünen Rasens, der zu den Treppen zum Fluss hinunterführt.

Es sind urige alte Treppen mit Marmorgeländer und geschnitzten Balustern, abgenutzt und zerbröckelnd, deren Verfall jedoch halb durch das freundliche Grün der Flechten und Moose verborgen ist; Treppen, die wirklich für einen faulen Menschen zum Träumen an einem heißen Sommernachmittag geeignet sind – und sie waren außerdem Lisbeths Lieblingsaufenthaltsort . Hier hatte ich also mein Boot festgemacht und lag nun mit der Pfeife im Mund und einem Kissen unter dem Kopf in diesem glückseligen Zustand zwischen Schlafen und Wachen.

Nun, da ich da lag, webte ich mir aus den blauen Kränzen meiner Pfeife schöne Phantasien:

Und siehe da! Die Treppe war nicht mehr verlassen; da standen feine Herren, geflickt und gepudert, in Seide und Satin, mit Schuhschnallen, die in der Sonne blitzten; da standen zierliche Damen in gesteppten Unterröcken und geblümten Kleidern, mit den wundervollsten Frisuren; und da war Lisbeth, schöner und zierlicher als sie alle, und da war auch ich. Und siehe, wie sittsam sie hinter ihrem Elfenbeinfächer höflich war und lächelte! Mit welcher Anmut nahm ich eine Prise Schnupftabak! Mit welcher Miene ich sie anstarrte und mich mit der Hand auf dem Herzen verneigte! Dann schien es irgendwie, als wären wir allein, sie auf der obersten Stufe, ich auf der unteren. Und so stehend streckte ich mit einer flehenden Geste meine Arme nach ihr aus. Ihre Augen blickten in meine, der Flicken zitterte an ihrem scharlachroten Mundwinkel, und dort daneben war das Grübchen. Unter ihrem Unterrock sah ich ihren Fuß in einem kleinen rosa Satinschuh langsam auf mich zukommen und wieder stehen bleiben. Ich beobachtete sie mit kaum atmendem Blick, denn es schien, als ob mein Schicksal auf dem Spiel stünde. Würde sie zu mir und der Liebe kommen oder …

„Schiff ahoi!", rief eine Stimme, und in diesem Moment verschwand mein Traum. Ich seufzte, und als ich mich umsah, erblickte ich einen Kopf, der mich über die Balustrade anstarrte; einen Kopf, der in ein Kopftuch mit großem Muster und lebhaften Farben gehüllt war .

„Aber, Kobold!", rief ich. Doch meine Überraschung ließ nach, als er in voller Sicht auftauchte.

Um seine Hüften trug er einen Gürtel mit breiten Schnallen, an dem er ein hölzernes Entermesser, zwei oder drei mörderische Holzdolche und ein Paar Spielzeugpistolen festhielt. An seinen Beinen trug er ein Paar Stiefel, die ihm viele Nummern zu groß waren, so dass er beim Gehen ziemlich vorsichtig sein musste. Doch insgesamt war sein Auftreten ausgesprochen wirkungsvoll. Es konnte kein Zweifel bestehen – er war ein blutrünstiger Pirat!

Der Kobold ist bis in seine schmutzigen Fingerspitzen ein Künstler.

„ Avast , Schiffskamerad!", rief ich. „Wie ist der Wind?"

„Oh", rief er und stolperte vor Eifer über seine Stiefel, „nimm mich doch in dein Boot und lass uns Piraten sein, ja, Onkel Dick?"

„Nun, das kommt darauf an. Wo ist deine Tante Lisbeth?"

„Mr. Selwyn wird sie und Dorothy den Fluss hinaufrudern."

"Was für ein Teufel ist er!"

„Ja, und sie werden mich nicht nehmen."

„Warum nicht, mein Kobold?"

„ Weil sie Angst haben , ich könnte das Boot zum Kentern bringen. Also dachte ich, ich komme vorbei und frage dich, ob du Pirat sein willst. Ich leihe dir meinen besten Dolch und eine meiner Pistolen. Willst du, Onkel Dick?"

„Kommen Sie an Bord, Schiffskamerad, wenn Sie nach Hispaniola, zu den Tortugas und zum spanischen Festland wollen", sagte ich, woraufhin er hineinkletterte und in seiner Eile einen Stiefel über Bord verlor, der erst nach vielen umständlichen Manövern mit dem Bootshaken geborgen werden konnte.

„Sie gehören Peter, weißt du", erklärte er, während er das Wasser ausschüttete.

„Ich habe sie aus der Geschirrkammer geholt. Ein Pirat muss Stiefel haben, weißt du, aber ich habe Angst, dass Peter fluchen wird."

„Wenn er sie sieht, besteht kein Zweifel", sagte ich, als wir losfuhren.

„Ich wünschte", begann er und sah sich nach etwa einer Minute nachdenklich um, „ich wünschte, wir könnten irgendwo ein Brett oder eine Rah herbekommen."

„Wozu, mein Kobold?"

„Erinnern Sie sich, Piraten hatten immer ein Brett, auf dem die Leute ‚laufen' konnten, und haben sie damit ‚zur Rah geschwungen'.

„Sie scheinen alles darüber zu wissen", sagte ich, während ich langsam flussabwärts fuhr.

„Oh ja, ich habe alles in Scarlet Sam, der Geißel der Südsee gelesen. Scarlet Sam war toll. Er lief das Achterdeck auf und ab und fuchtelte mit seinem Entermesser herum, und seine Augen rollten, und er hatte Schaum vor dem Mund, und –"

„Schlagt alle in die ‚Lee Speigatten'", warf ich ein.

„Ja", rief der Kobold in einem Tonfall unverhohlener Überraschung. „Woher wusstest du das, Onkel Dick?"

„Es war einmal", sagte ich, während ich träge die Ruder schwang, „ich war selbst ein Junge und habe viel über einen Herrn namens ‚Ben mit den Käferaugen' gelesen. Ich kann dir sagen. Kobold, er war ein Schreckgespenst, wenn man so will, weil er schäumte und mit den Füßen stampfte, und er tötete jeden Morgen drei oder vier Leute , nur um Appetit aufs Frühstück zu bekommen." Der Kobold musterte mich mit großen Augen.

„Wie schön!", hauchte er und umarmte sich selbst in Ekstase.

„Das war es", nickte ich. „Und außerdem war er auch sonst ein ganz wunderbarer Mensch. Wissen Sie, er wurde ständig in den Kopf geschossen oder durch den Körper gestochen, aber Ben mit der dicken Stirn tat das nie weh – nicht im Geringsten."

„Und hat er ‚die Leute an der Rah herumgeschleudert – mit einem bitteren Lächeln'?"

„Eine Menge ! ", antwortete ich.

„Und sie dazu bringen, ‚über die Planke zu gehen – mit einem schrecklichen Gelächter'?"

"Zu Hunderten!"

„Und sie auf einer einsamen Insel aussetzen – mit einem leisen Kichern?"

„Oftmals", antwortete ich, „und meistens mit einem Kichern."

„Oh. Ich würde gern etwas über ihn lesen!", sagte der Kobold mit einem tiefen Seufzer. „Leihst du mir dein Buch über ihn, Onkel Dick?"

Ich schüttelte den Kopf. „Leider wurde mir das, zusammen mit vielen anderen wertvollen Besitztümern, vom unbarmherzigen Schlund der Zeit geraubt", antwortete ich traurig.

Der Kobold saß in Gedanken versunken da und ließ nachdenklich seine Finger durch das Wasser gleiten.

„Und Ihre Tante Lisbeth will sich mit Mr. Selwyn streiten, nicht wahr?", sagte ich.

„Ja, und ich habe ihr gesagt, sie könne mitkommen und Pirat sein, wenn sie wolle – aber sie wollte nicht."

„Seltsam!", murmelte ich.

„Onkel Dick, glauben Sie, dass Tante Lisbeth in Mr. Selwyn verliebt ist?"

„Was?", rief ich und hörte auf zu rudern.

„Ich meine, glauben Sie, dass Mr. Selwyn in Tante Lisbeth verliebt ist?"

„Mein Kobold. Ich fürchte, das ist er. Warum?"

„Weil Cook sagt, dass er es ist, und Jane auch, und sie wissen alles über die Liebe, weißt du. Ich habe sie oft und oft darüber in einem Buch lesen hören. Aber ich finde Liebe furchtbar albern , findest du nicht auch, Onkel Dick?"

„Manchmal fürchte ich das sehr", seufzte ich.

„Du würdest doch auch niemanden lieben, oder, Onkel Dick?"

„Nicht , wenn ich es verhindern könnte", antwortete ich kopfschüttelnd. „Aber ich liebe jemanden , und das ist das Schlimmste daran."

„Oh!", rief der Kobold, aber in einem Tonfall, der eher Trauer als Zorn ausdrückte.

„Sei nicht zu streng mit mir, Kobold", sagte ich. „Vielleicht kommst du noch an die Reihe, wenn du älter bist. Vielleicht liebst du ja eines Tages jemanden."

Der Kobold runzelte die Stirn und schüttelte den Kopf. „Nein", antwortete er streng. „Wenn ich groß bin, werde ich mir Frettchen halten. Ben, der Gärtnerjunge, hat eines mit der winzigsten, rosa Nase, die Sie je gesehen haben."

„Natürlich hat ein Frettchen seine Vorteile", grübelte ich. „Ein Frettchen wird nicht in der einen Minute die Stirn runzeln und in der nächsten Minute dem anderen ein Grübchen zeigen. Und andererseits kann man nicht vernünftigerweise davon ausgehen, dass ein Frettchen eine Tante hat. Ihre Idee hat also doch einiges für sich, Imp."

„Na, dann lass uns Piraten sein, Onkel Dick", sagte er mit einem Anflug von Endgültigkeit. „Ich glaube, ich werde Scarlet Sam sein, weil ich alles über ihn weiß, und du kannst Timothy Bone sein, der Bootsmann."

„Ja, ja, Sir", antwortete ich prompt. „Ich sage nur, Imp, verdrehen Sie Ihre Augen nicht so schrecklich, sonst fallen Sie womöglich über Bord."

Er verschmähte die Antwort, zog seinen Entersäbel, klemmte ihn in bewährter Piratenmanier zwischen die Zähne, saß mit der Pistole in der Hand da und blickte mit einem furchtbaren Stirnrunzeln auf die Schöpfung im Allgemeinen.

„Steuerbord, Ihr Ruder – Steuerbord!", rief er und nahm zu diesem Zweck seine Waffe ab.

„Steuerbord ist es!", antwortete ich.

"Freimachen zum Gefecht!", knurrte der Kobold. "Kanonenschüsse doppelt abfeuern, und Bootsmann , alle Mann auf Position pfeifen."

Woraufhin ich eine lebhafte Nachahmung der Pfeife eines Bootsmanns vorführte. Die meisten Kinder sind mit Fantasie gesegnet, aber der Kobold ist in dieser Hinsicht über sein Alter hinaus begabt. Für ihn gibt es so etwas wie „ Vortäuschung " nicht; er muss nur einen Augenblick die Augen schließen, um sie in einer neuen und sehr realen Welt zu öffnen, die ihm gehört – der goldenen Welt der Romantik, in der so wenige von uns in diesen kalten Tagen des gesunden Menschenverstands wandeln dürfen. Und doch ist es eine sehr schöne Welt, bevölkert von Riesen und Feen; wo Burgen ihre düsteren, zinnenbewehrten Türme erheben; wo magische Wälder und Forste voller seltsamer Tiere ihren Schatten werfen; wo Ritter mit ruhender Lanze und in der Sonne glänzender Rüstung ausreiten . Und wir kennen sie sehr gut. Da sind Roland, Sir William Wallace und Hereward the Wake; Ivanhoe, der Schwarze Ritter, und der kühne Robin Hood. Da sind Amyas Leigh, der alte Salvation Yeo und dieser schöne Schurke Long John Silver. Und dort ist auch König Artus mit seinen Rittern der Tafelrunde – aber die Menge ist sehr groß, und wer könnte sie alle aufzählen?

Und so segelten der Kobold und ich an Bord unseres galanten Schiffes in diese wundervolle Welt der Romantik hinein. Wie jedes andere Piratenschiff, das jemals existiert hat – in Büchern oder außerhalb – luvte es „auf eine andere Seite und nahm Kurs auf die spanische Schatzgaleone, die in der Ferne lag."

Welcher Stift könnte den folgenden Kampf angemessen beschreiben – wie Gewehre dröhnten und Pistolen blitzten, während die Luft voller Rufe und Schreie und dem donnernden Lärm der Schlacht war; wie Scarlet Sam schäumte und mit seinem Entermesser stampfte und schwang; wie Timothy Bone seine Pfeife pfiff, wie es sich für einen Bootsmann gehört? Wir hatten bereits fünf große Galeonen versenkt und waren gerade dabei, eine sechste zu versenken, die offensichtlich in einem schlechten Zustand war, als Scarlet Sam aufhörte zu schäumen und mit seiner tropfenden Klinge über meine Schulter deutete.

„Segel in Sicht!", rief er.

„Wohin?", rief ich zurück.

„Drei Punkte am Luvbug." Während er sprach, hörte ich das Geräusch von Rudern, und als ich den Kopf drehte, sah ich ein Boot näherkommen, ruderte es ein Mann in tadellosem Flanell und Strohhut.

„Na, er ist es – er ist es!", rief der Kobold plötzlich. „Beidrehen, da!", brüllte er mit der Stimme von Scarlet Sam. „Beidrehen, oder ich versenke Sie mit einer ‚mörderischen Breitseite'!" Fast mit den Worten und bevor ich ihn davon abhalten konnte, zog er kräftig an den Ruderleinen; hinter mir erklang ein wütender Aufschrei, ein Stoß, ein Splittern von Holz, und ich stand plötzlich Mr. Selwyn gegenüber, errötet und ohne Hut.

„Verdammt!", sagte Mr. Selwyn und begann mit dem Schaft seines kaputten Ruders nach seinem Hut zu angeln.

Der Kobold saß einen Moment da und war halb erschrocken über sein Werk, dann erhob er sich mit dem Entermesser in der Hand, aber ich stieß ihn sanft mit dem Fuß auf seinen Sitz zurück.

„Wirklich", begann ich, „es tut mir furchtbar leid, wissen Sie – äh –"

„Darf ich fragen", sagte Mr. Selwyn schneidend und musterte dabei seinen tropfenden Hut, „darf ich fragen, wie das alles passiert ist?"

„Ein höchst bedauerlicher Unfall, das versichere ich Ihnen. Wenn ich Sie zurückschleppen kann, wäre ich hocherfreut, und was den Schaden angeht …"

„Der Schaden ist geringfügig, danke", erwiderte er eisig. „Was mich ärgert, ist die Verzögerung."

„Ich bitte Sie in aller Bescheidenheit um Entschuldigung", sagte ich sanftmütig. „Wenn ich Ihnen irgendwie behilflich sein kann –" Mr. Selwyn unterbrach mich mit einer Handbewegung.

„Danke, ich denke, ich komme zurecht", sagte er. „Aber ich wüsste lieber, wie es passiert ist. Sie sind das Rudern nicht gewohnt, nehme ich an?"

„Sir", antwortete ich, „das lag hauptsächlich an der Hitzköpfigkeit von Scarlet Sam, der Geißel der Südsee."

„Wie bitte?", sagte Mr. Selwyn mit hochgezogenen Brauen.

„Sir", fuhr ich fort, „in diesem Moment glauben Sie wahrscheinlich, Mr. Selwyn von Selwyn Park zu sein. Erlauben Sie mir, diese Illusion zu zerstreuen; Sie sind im Gegenteil Don Pedro Vasquez da Silva, Kommandant der Galeasse Esmeralda , die von Santa Crux aus losfährt. In uns sehen Sie Scarlet Sam und Timothy Bone vom guten Schiff Black Death, mit dem ‚Totenkopf mit gekreuzten Knochen', der auf unserem Mast flattert. Wenn Sie es nicht sehen, ist das nicht unsere Schuld."

Mr. Selwyn starrte mich mit großen Augen erstaunt an, zuckte dann mit den Schultern, drehte mir den Rücken zu und paddelte so gut er konnte davon. „Na, Imp", sagte ich, „diesmal hast du es geschafft!"

„ Das habe ich leider ", erwiderte er. „Aber oh, war das nicht großartig – und das alles über Don Pedro und die Schatzgaleone? Ich wünschte, ich wüsste so viel wie du, Onkel Dick. Dann wäre ich ein richtiger Pirat."

„Gott bewahre!", rief ich. Also drehte ich mich sofort um und ruderte flussaufwärts zurück, im Inneren nicht wenig beunruhigt über den Ausgang des Abenteuers.

„Kein Wort, wohlgemerkt!", warnte ich, als ich eine gewisse zierliche Gestalt erblickte, die uns aus dem Schatten ihres Sonnenschirms heraus beobachtete. Der Kobold nickte, seufzte und steckte sein Entermesser in die Scheide.

„Na!", sagte Lisbeth, als wir zur Wassertreppe hinaufglitten. „Ich frage mich, was für einen Unfug Sie zusammen angestellt haben."

„Wir sind auf einem Fluss der Träume geschwommen", antwortete ich, stand auf und lüftete meinen Hut. „Wir haben auch über viele Dinge gesprochen. Mit den Worten des unsterblichen Carroll:

„,Von Schuhen, und Schiffen, und Siegelwachs, und Kohlköpfen, und –'"

„Piraten!", platzte der Kobold heraus.

„Dieser Fluss unserer Träume", fuhr ich fort und beruhigte ihn mit einem Blick, „hat uns zu Ihnen getragen, und das ist ganz richtig und angemessen. Das sollten Traumflüsse immer tun, insbesondere, wenn Sie ‚auf einem Thron mitten im Sonnenschein und ganz allein' sitzen."

„Aber ich bin nicht ganz allein, Dick."

„Nein, ich bin hier", sagte eine Stimme, und Dorothy erschien wie üblich mit ihrem kleinen, flauschigen Kätzchen unter dem Arm. „Wir warten auf Mr. Selwyn, wissen Sie. Wir haben gewartet, oh! eine lange, lange Zeit, aber er ist nicht gekommen, und Tante sagt, er ist ein Biest, und –"

„Dorothy!", rief Lisbeth stirnrunzelnd.

„Ja, das hast du, Tante", sagte Dorothy traurig und nickte mit dem Kopf. „Ich habe dich gehört, als Louise auf einen Baum rannte und ich sie zurücklocken musste; und ich habe auch ein sauberes Kleid an, und Louise wird oh so enttäuscht sein!" Dabei küsste sie das flauschige Kätzchen auf die Nase. „Also ist er ein Tier; findest du nicht auch, Onkel Dick?"

„Eine solche Verzögerung ist höchst verwerflich", nickte ich.

„Ich bin froh, dass du gekommen bist, Onkel Dick, und Tante auch. Sie hatte gehofft –“

„Das reicht, Dorothy!“ unterbrach Lisbeth.

„Ich frage mich, was sie gehofft hat? “, seufzte ich.

„Wenn du noch ein Wort sagst, Dorothy, erzähle ich dir nichts mehr über den Feenprinzen“, sagte Lisbeth.

„Nun“, fuhr ich fort, als ich sah, dass die Drohung die gewünschte Wirkung hatte, „da Mr. Selwyn nicht aufgetaucht ist, möchten Sie vielleicht …“

„Ein Pirat sein?“, warf der Kobold ein. „Um mit uns zu streiten?“, korrigierte ich.

„An Bord des guten Schiffes Schwarzer Tod“, fuhr er fort, „mit dem Totenkopf und den gekreuzten Knochen an der Spitze.“

„Danke“, sagte Lisbeth, „aber ich glaube wirklich nicht, dass ich das tun sollte. Was für ein schrecklicher Name!“

„Was ist ein Name? Ein Boot mit einem anderen Namen –“ Ich habe falsch zitiert. „Wenn Sie möchten, nennen wir es die Joyful Hope, mit Kurs auf das Land der Herzensfreude.“

Lisbeth schüttelte den Kopf, aber ich bildete mir ein, das Grübchen lugte einen Moment lang zu mir herüber.

„Es wäre schade, Louise zu enttäuschen“, sagte ich und streckte mich, um das flauschige Kätzchen zu streicheln.

„Ja“, rief Dorothy, „lass uns gehen, Tante.“

„Um Louises willen“, drängte ich und streckte meine Arme nach ihr aus. Lisbeth stand auf der obersten Stufe und ich auf der unteren, in genau derselben Haltung, wie ich sie in meiner Vision gesehen hatte. Ich sah, wie ihr Fuß langsam auf mich zukam und wieder stehen blieb; ihre roten Lippen zitterten zu einem Lächeln, und siehe, da war das Grübchen! Dorothy sah es auch – Kinder sind in solchen Dingen wunderbar schnell – und im nächsten Moment saß sie im Boot, Louise auf ihrem Schoß, und Lisbeth blieb nichts anderes übrig, als ihr zu folgen.

Der Kobold ging nach vorne, um „Ausschau zu halten“, und als er ein Stück Angelschnur fand, verkündete er seine Absicht, „das Blei auszuwerfen“.

Ich bin mehrmals mit Lisbeth geritten – sie ist eine gute Reiterin – und habe oft mit ihr getanzt, aber noch nie zuvor war ich mit ihr in einem Boot gewesen. Die Neuheit daran war daher ausgesprochen angenehm, umso mehr, als sie so nah saß, dass ich, wenn ich verstohlen einen Fuß ausstreckte, gerade den Saum ihres Kleides berühren konnte.

„Onkel Dick", sagte Dorothy und sah mit ihren großen grauen Augen zu mir auf, „wo ist das Land der Herzensfreude?"

„Es liegt jenseits des Flusses der Träume", antwortete ich.

"Ist es weit weg?"

„Ich fürchte, das ist es, Dorothy."

„Oh! – und schwer zu erreichen?"

„Ja, obwohl es ganz davon abhängt, wer am Ruder ist."

Ganz langsam begann Lisbeth einen Knoten in die Ruderleine zu machen.

„So, Tante steuert jetzt. Kann sie uns dorthin bringen?"

„Ja, sie könnte uns dorthin bringen, wenn sie wollte."

„Oh!", rief Dorothy, „steuern Sie doch in das Land der Herzensfreuden, Tante Lisbeth; es klingt so schön und ich bin sicher, Louise würde es sehr gefallen."

Aber Lisbeth lachte nur und machte einen weiteren Knoten in die Ruderleine.

„Das Land der Herzensfreude!", wiederholte Dorothy. „Es klingt ein bisschen wie Tantchens Geschichte vom Märchenprinzen. Sein Name war Trueheart ."

„Und wie war Prinz Trueheart ?", erkundigte ich mich.

„Gut!", unterbrach ihn der Kobold. „Er hat früher gegen Drachen gekämpft, weißt du."

„Und er lebte in einem Palast aus Kristall", fuhr Dorothy fort, „und er war so gut und freundlich, dass die Vögel sich mit ihm anfreundeten!"

„Und er trug eine goldene Rüstung und eine große Feder in seinem Helm!" ergänzte der Kobold.

„Und natürlich liebte er die schöne Prinzessin", schloss ich.

„Ja", nickte Dorothy, „aber woher wusstest du, dass es eine wunderschöne Prinzessin gab?"

„Onkel Dick weiß natürlich alles", erwiderte der Kobold sentenziös.

„Glauben Sie, dass die schöne Prinzessin den Prinzen geliebt hat, Dorothy?", fragte ich und warf einen Blick auf Lisbeths abgewandtes Gesicht.

„Nun", antwortete Dorothy und schürzte nachdenklich den Mund, „ich weiß nicht, Onkel Dick; weißt du, Tante ist noch nicht so weit gegangen, aber jeder liebt irgendwann einmal jemanden, weißt du. Betty – sie ist unsere Köchin, weißt du – Betty sagt, alle schönen Geschichten enden damit, dass man heiratet und glücklich bis ans Ende seiner Tage lebt."

„Daran besteht kein Zweifel", sagte ich und stützte mich auf meine Ruder. „Was denkst du, Lisbeth?" Sie lehnte sich zurück und betrachtete mich einen Moment lang sittsam unter ihren langen Wimpern.

„Ich denke", antwortete sie, „dass es viel schöner wäre, wenn du weiter rudern würdest."

„Noch eine Frage", sagte ich. „Sag mal, hat dieser Prinz Trueheart einen Schnurrbart?"

„Wie Mr. Selwyn?", rief der Kobold. „Das sollte man wohl nicht glauben. Der Prinz war ein feiner Kerl und hat Drachen getötet, wissen Sie."

„Ah! Das freut mich", murmelte ich und fuhr mir mit den Fingern über die rasierte Oberlippe. „Das freut mich wirklich sehr." Lisbeth lachte, aber ich sah, wie ihre Röte dunkler wurde, und sie schaute weg.

„Oh, es muss herrlich sein, einen Drachen zu töten!", seufzte der Kobold.

Als ich mich während dieser Rede zufällig umsah, sah ich in der Ferne einen Mann in einem Boot, der äußerst kräftig ruderte – und der Mann trug einen Panamahut.

Daraufhin packte ich meine langen Skulls erneut und begann zu rudern – tatsächlich, wie ich es seit vielen Jahren nicht mehr getan hatte, mit einem langen, gleichmäßigen Schlag, der das Boot ordentlich springen ließ. Wer kennt nicht dieses Hochgefühl, wenn die Ruderblätter das Wasser greifen und das sanfte Plätschern am Bug zu einem gurgelnden Lied anschwillt?

Die denkwürdige Zeit, als ich Cambridge zum Sieg „gestrichelt" hatte, war nichts im Vergleich dazu. Damals stand nur leerer Ruhm auf dem Spiel, während ich jetzt meine Füße fester setzte, meinen Strich verlängerte und mit aller Kraft zog. Lisbeth setzte sich auf und ich sah, wie ihre Finger die Ruderleinen fester umklammerten.

„Du hast mich gebeten zu rudern, weißt du", sagte ich als Antwort auf ihren Blick.

„ Jo ho!", brüllte Scarlet Sam im schroffen Seemannston. „Bei den tiefen Tiefen und dem Wind von Lee, also reißt euch zusammen, meine Seeleute alle – O!"

Zunächst holten wir beträchtlich auf unseren Verfolger auf, doch dann sah ich, wie er den Kopf drehte und sah, wie der Panamakanal beiseite geworfen wurde, als Mr. Selwyn sich wieder der Sache zuwandte – und der Kampf begann.

Sehr bald, wahrscheinlich aufgrund meines starren Blicks oder meiner unablässigen Anstrengung oder beidem, schien Lisbeth die Situation zu erkennen und drehte sich um, um über ihre Schulter zu blicken. Ich biss die Zähne zusammen und wartete darauf, ihren empörten Blick zu erwidern, denn ich war entschlossen, den Kampf fortzusetzen, komme, was wolle. Aber als sie mich schließlich ansah, glänzten ihre Augen, ihre Wangen waren gerötet und da war tatsächlich – das Grübchen.

„Sitzt still, Kinder", sagte sie, und das war alles; doch für einen Moment blickte sie mir in die Augen.

Der alte Fluss war im Laufe seiner Zeit Zeuge vieler hart umkämpfter Rennen, aber nie war eines so heiß umkämpft wie dieses. Nie war das Lied des Wassers angenehmer für mein Ohr, nie war das Federn und Biegen der langen Ruderboote angenehmer, als die Ufer immer schneller an mir vorbeizogen. Kein Pirat, der jeden Zentimeter seiner Segel anspannte, um einer wohlverdienten Gefangennahme zu entgehen, kein Schmuggler, der in eine geschützte Bucht floh, während der Zollkutter dicht hinter ihm war, erlebte jemals eine größere Aufregung als wir.

Der Imp war in vollkommener Ekstase der Freude; sogar Dorothy vergaß für einen Moment ihre geliebte Louise, während Lisbeth sich zu mir lehnte, die Ruderleinen über ihren Schultern, ihre Lippen geöffnet und ein Leuchten in ihren Augen, das ich dort noch nie gesehen hatte. Und doch blieb Selwyn fest hinter uns. Wenn ihm auch der Sinn für Humor fehlte , so konnte er doch sicherlich rudern.

„Er war ein Oxford Blue", sagte Lisbeth fast flüsternd, „und er hat ein leeres Boot!"

Ich sehnte mich danach, die Spitze ihres kleinen hellbraunen Schuhs oder den Saum ihres Kleides für diese impulsiven Worte zu küssen, und versuchte, ihr das mit meinen Augen zu sagen – der Atem war in diesem Moment zu kostbar. Ob sie es verstand oder nicht, kann ich nicht mit Sicherheit sagen, aber ich glaube, dass sie es verstand, so wie ihre Wimpern herabhingen.

„Oh, meine Augen!", brüllte Scarlet Sam. „Halten Sie sie an der Angel, Quartiermeister, und machen Sie sich mal an die Besanwanten!"

Als ich noch einmal zu unserem Verfolger hinüberschaute, sah ich, dass er aufholte. Ja, da konnte es kein Fehler sein; langsam aber sicher wurde der Abstand zwischen uns immer kleiner, so sehr ich mich auch bemühte, bis er mir so nahe kam, dass ich den Scheitel seines Rückenhaares erkennen konnte. Also ergab ich mich notgedrungen dem Unvermeidlichen, stellte meine Anstrengungen ein und begnügte mich mit einem langen, leichten Schlag. Als er dann neben mir war, hatte ich einigermaßen wieder zu Atem gekommen.

„Miss – Eliz – Beth ", keuchte er mit sehr heißem Gesicht und feuchter Stirn, „muss – mich – um die – Gunst – bitten, ein paar Worte mit Ihnen zu wechseln."

„Gerne, Mr. Selwyn", antwortete Lisbeth mit einem strahlenden Lächeln, „so viele Sie wünschen." Sofort keuchte Mr. Selwyn seine Anklage gegen die Desperados des Schwarzen Todes, während der Kobold besorgt von ihm zu Lisbeth blickte und seine Hand verstohlen in meine legte.

„Ich hätte Sie damit nicht belästigen sollen, Miss Elizabeth", schloss Selwyn, „wenn Sie nicht glauben wollten, ich hätte eine Verabredung vernachlässigt, insbesondere mit Ihnen."

„In der Tat, Mr. Selwyn, ich bin Ihnen sehr dankbar, dass Sie mir die Augen für so etwas – ein – geöffnet haben."

„Ein sehr bedauerlicher Unfall", warf ich ein.

„Ich – ich war vollkommen sicher", fuhr sie fort, ohne auch nur einen Blick in meine Richtung zu werfen, „dass Sie mich niemals ohne triftigen Grund hätten warten lassen. Und nun, Mr. Brent, wenn Sie so freundlich wären, uns zum Ufer zu bringen, wird Mr. Selwyn uns zurückrudern – wenn er will."

„Erfreut!", murmelte er.

„Ich habe Tee für fünf Uhr im Obstgarten bestellt", lächelte Lizbeth, „und es ist erst gerade vier, also –"

„Welches Ufer würden Sie bevorzugen?", fragte ich, „das rechte oder das linke?"

„Der Nächste", sagte Lisbeth.

„Welches war Ihrer Meinung nach das nächste, Mr. Selwyn?", fragte ich. Selwyn verschmähte jede Antwort und steuerte sein Boot an Land, und ich folgte ihm gehorsam. Ohne auf meine Hilfe zu warten, wechselte Lisbeth geschickt von einem Boot zum anderen, Dorothy folgte ihr langsamer.

„Komm, Reginald", sagte sie, als Selwyn sich zum Abstoßen bereit machte, „wir warten auf dich!" Der Kobold hockte sich dichter an mich heran.

„Reginald Augustus!", sagte Lisbeth. Der Kobold schlurfte unbehaglich hin und her. „Kommst du?", fragte Lisbeth.

„Ich – ich wäre lieber mit Onkel Dick Pirat, bitte, Tante Lisbeth", sagte er schließlich.

„Also gut", nickte Lisbeth mit einem Anflug von Endgültigkeit, „dann muss ich dich natürlich bestrafen." Aber ihr Ton war seltsam sanft, und als sie sich abwandte, könnte ich schwören, dass ich den Geist dieses Grübchens sah – ja, das könnte ich schwören. So saßen wir also sehr einsam und niedergeschlagen da, der Kobold und ich, obwohl wir Desperados waren, und sahen zu, wie Selwyns Boot immer kleiner wurde, bis es hinter einer Flussbiegung verschwand.

„ Ich befürchte, man schickt mich deswegen ins Bett", sagte der Kobold nach einer langen Pause.

„Ich halte das für mehr als wahrscheinlich, mein Kobold."

„Aber es war ein sehr schönes Rennen – oh, wunderschön!" seufzte er; „und ich konnte mein Schiff und Timothy Bone nicht im Stich lassen und Sie hier ganz allein zurücklassen – oder doch, Onkel Dick?"

„Natürlich nicht, Kobold."

„Woran denkst du, Onkel Dick?", fragte er, während ich mit dem Kinn in der Hand ins Leere starrte.

„Ich habe mich gefragt, Kobold, wohin mich der Fluss der Träume wohl führen würde."

„Ins Land der Herzensfreude, natürlich", antwortete er prompt. „Das hast du ja gesagt, und du lügst nie, Onkel Dick – nie."

IV
. MONDMAGIE

„The Three Jolly Anglers" ist ein Gasthof mit ausgesprochen heiterem Aussehen, mit seinen umstürzenden Giebeln, seinem knarrenden Schild und seinen hellen Gittern, die wie fröhliche kleine funkelnde Augen heute mit derselben halb schelmischen, halb freundlichen Miene auf den ewigen Fluss herabblicken, wie sie es seit Generationen tun.

Wenn Sie genau hinsehen, können Sie auf dem ramponierten Schild noch immer die Drei Angler selbst erkennen, zwar etwas abgenutzt und verblasst durch die Zeit und die Strapazen der Witterung, doch bewahren sie trotz allem ihre Fröhlichkeit mit heldenhafter Standhaftigkeit – und das werden sie zweifellos tun, bis sie ganz und gar verschwinden.

Es ist ein Gasthof mit Balkendecken und engen, gewundenen Gängen; ein Gasthof mit langen, niedrigen Kammern voller unerwarteter Winkel und Ecken, mit großen Himmelbetten, die offenbar für müde Riesen gebaut wurden, und breiten, tiefen Kaminen, die an gigantische Rinderfilets erinnern; ein Gasthof, dessen Wände sozusagen Behaglichkeit auszustrahlen scheinen – die solide, behagliche Behaglichkeit einer vergangenen Zeit.

Von all den vielen Räumen, die es hier gibt, liebe ich den, der Sanded Parlour genannt wird, am meisten . Nie hatten die getäfelten Wände einen sanfteren Ton, nie glänzte Zinn mehr, nie waren die Dinge heller und makelloser , von den abgenutzten, urigen Feuerböcken auf dem Kamin bis zur messingbeschlagenen Donnerbüchse mit den beiden alten Angelruten darüber. An einem Ende des Raumes befand sich ein langes, niedriges Fenster, und hier lehnte ich mich hin, beobachtete den nahen Fluss und lauschte seinem nie endenden Murmeln. Ich hatte vor einer Stunde zu Abend gegessen; das Rindfleisch war ausgezeichnet gewesen – das ist es im Three Jolly Anglers immer – und das Bier über jede Kritik erhaben; auch meine Pfeife schien ein zusätzliches Aroma zu haben .

Trotz alledem verspürte ich nicht jene höchste Zufriedenheit – jene philosophische Ruhe, die solches Rindfleisch und solches Bier sicher verdient hätten. Aber wer hat schon jemals davon gehört, dass Liebe und Philosophie zusammenpassen?

Weit über dem Hochland begann ein runder Vollmond aufzugehen, der die schattigen Wasser mit silbernen Flecken sprenkelte, und in der warmen, stillen Luft drang das Dröhnen ferner Geigen an meine Ohren. Dies verstärkte meine Melancholie nur noch, da es mich daran erinnerte, dass heute Abend irgendjemand einen Ball gab; und Lisbeth war da, und natürlich war auch Mr. Selwyn da, und ich – ich war hier – allein mit der messingbeschlagenen Donnerbüchse, den alten Angelruten und den antiken Feuerböcken auf dem Kamin; und niemand, mit dem ich reden konnte, außer dem Mond und dem Jasmin, der durch das offene Fenster hereingekrochen war. Und als ich die Pracht der Nacht bemerkte, empfand ich gegenüber Lisbeth ein Gefühl schmerzlicher Überraschung, dass sie die Hitze und den grellen Glanz eines Ballsaals einem Spaziergang mit mir unter einem solchen Mond vorzog.

Es war wirklich eine wunderbare Nacht! Eine jener warmen, stillen Nächte, die voller vager und unerklärlicher Möglichkeiten zu sein scheinen! Eine Nacht, in der Magie in der Luft liegt, in der Elfen und Feen in ihren grasbewachsenen Kreisen tanzen oder im Schatten der Bäume zwischen den Blättern hervorlugen; oder ein tapferer Ritter auf einem mächtigen Ross langsam aus den Schatten des Waldes herangetrottet kommt, während das Mondlicht auf seiner Rüstung leuchtet .

Ja, heute Nacht lag ganz sicher Magie in der Luft! Ich wünschte mir fast, ein Zauberer könnte mit einem Schlag seines Zauberstabs die Jahre zurückdrehen und mich in die brutale, männliche gute alte Zeit zurückversetzen, als Männer ihre Liebe mit Macht und Armstärke und nicht mit Gold gewannen, wie es heutzutage so oft der Fall ist. Auf meinem feurigen Ross zu sitzen, mit der Lanze in der Hand und dem Schwert auf dem Oberschenkel, und durch die laubbedeckten Alleen des Waldes dort drüben zu reiten, geleitet von der pulsierenden, seufzenden Melodie. Wie ein Donnerschlag über die erstaunten Tänzer hereinzubrechen, sie bis an meinen Sattelbogen zu heben und uns in die Arme zu schließen, um in das grüne Mysterium des Waldes einzutauchen.

Meine Fantasie hatte mich schon so weit getragen, als ich eine kleine, verstohlene Gestalt bemerkte, die von einem Schattenfleck zum nächsten huschte. Aus dem Fenster gelehnt, erkannte ich die Gestalt eines etwas anrüchigen Bengels, der sich auf Hände und Knie fallen ließ und mit größter Vorsicht über das Gras auf mich zukroch.

„Hallo!", rief ich, „ halt und gib das Gegenzeichen!" Der Bengel setzte sich auf seine Fersen und starrte mich mit einem Paar sehr runder, leuchtender Augen an.

„Bitte, sind Sie Herr Onkel Dick?", fragte er.

„Oh", sagte ich, „ ich nehme an, Sie kommen vom Imp." Der Junge nickte mit rundem Kopf und fummelte gleichzeitig in seiner Tasche herum.

„Und wer sind Sie?", fragte ich im Plauderton.

„Ich bin Ben, das bin ich."

„Der Gärtnerjunge?" Wieder nickte der runde Kopf zustimmend, während es ihm unter vielem Winden und Verdrehen gelang, eine bunt gemischte Sammlung von Gegenständen aus seiner Tasche zu ziehen, aus der er ein sehr schmutziges und zerknittertes Stück Papier herausnahm.

„Er will eine Leiter , damit er rauskommt , aber sie ist zu groß, als dass ich sie hochheben könnte. Deshalb hat er mir gesagt, ich soll Ihnen das hier geben, damit Sie kommen und ihn retten – bitte, Mr. Onkel Dick." Mit dieser klaren Erklärung reichte Ben mir den zerknitterten Zettel.

Als ich es auf der Fensterbank ausbreitete, konnte ich Folgendes erkennen:

LIEBER ONKEL DICK: Ich schreibe dies mit dem Blut meines Hirsches . Ich bin ein Gefangener in einem düsteren dungun . Es ist nicht wirklich mein Hirschblut, es ist nur rote Tinte, also mach dir keine Sorgen. Tante Lisbath hat mich gleich nach der Teeparty ins Bett gebracht , sie sagte, ich sei nüchtern , und als sie gegangen war, hat mich das Kindermädchen eingesperrt, damit ich nicht rauskomme, und ich habe es satt, ein Gefangener zu sein , also bitte, ich möchte, dass du den Jungen holst und mich entkommen lässt , bitte, Onkel Dick, willst du.

Dein bis zum Tod ,
REGINALD AUGUSTUS.

Tante hat uns Ivanhoe vorgelesen, und ich war der Schwarze Ritter, und du kannst Gurth , der Schweinehirt, sein, wenn du willst.

„So ist das also?", sagte ich.

„Gut, gut ! Zumindest wird ein solcher Appell nicht unbeantwortet bleiben. Warte dort, mein treuer Benjamin, und ich werde gleich bei dir sein." Ich machte nur eine Pause, um meinen Tabakbeutel aufzufüllen und meine Mütze zu holen, dann brach ich in die duftende Nacht hinaus und machte mich auf den Weg entlang des Flusses, der treue Benjamin trottete hinter mir her.

Sehr bald kamen wir an blühenden Blumenbeeten vorbei und überquerten gepflegte Rasenflächen, bis wir schließlich einen bestimmten Flügel des Hauses erreichten, aus dessen Fenster an einer Schnur ein Kissenbezug baumelte.

„Das ist für Proviant!", meldete sich Ben freiwillig. „Wir dachten, er wäre am Verhungern, also ließ er es herunter und ich füllte es mit Zwiebeln aus dem Gemüsegarten." In diesem Moment erschien der lockige Kopf des Kobolds am Fenster, gefolgt vom größten Teil seiner Person.

„Oh, Onkel Dick!", rief er mit lautem Bühnengeflüster, „ich glaube, du solltest lieber der Schwarze Ritter sein, weil du so groß bist, weißt du."

„Kobold", sagte ich, „steig sofort ein, willst du dir das Genick brechen?"

Der Kobold zappelte gehorsam in Sicherheit.

„Die Leiter ist im Geräteschuppen, Onkel Dick – Ben wird sie dir zeigen. Holst du sie bitte?", flehte er in schmeichlerischem Ton.

„Zuerst einmal, mein Kobold, warum hat deine Tante Lisbeth dich ins Bett geschickt – warst du ein sehr unartiger Junge?"

„Nein!", antwortete er nach kurzem Zögern. „Ich glaube nicht, dass ich so unartig war. Ich habe Dorothy nur wie einen Indianerhäuptling angemalt – grün mit roten Flecken, und sie sah hübsch aus, wissen Sie."

„Grün, mit roten Flecken!", wiederholte ich.

„Ja, nur Tante schien es nicht zu gefallen."

„Ich fürchte, Ihrer Tante Lisbeth fehlt das Auge für Farben ."

„Ja, fürchte ich . Sie hat mich deswegen ins Bett geschickt, wissen Sie."

„Trotzdem, Imp, unter diesen Umständen denke ich, wäre es das Beste, wenn du dich ausziehst und schläfst."

„Oh, aber ich kann nicht, Onkel Dick!"

„Warum nicht, mein Kobold?"

„ Weil der Mond so hell ist und alles dort unten so schön aussieht und ich bin sicher, dass dort Feen unterwegs sind – Mondfeen, wissen Sie, und ich bin unglücklich."

„Erbärmlich, Kobold?"

„Ja, Tante Lisbeth ist nie gekommen, um mir einen Gutenachtkuss zu geben, und deshalb kann ich nicht schlafen, Onkel Dick!"

„Das ändert die Sache sicherlich."

„Ja, und die Leiter ist im Geräteschuppen."

„Kobold", sagte ich, als ich mich umdrehte, um Benjamin zu folgen, „oh, du Kobold!"

Es gibt nur wenige Dinge auf dieser Welt, die schwieriger zu handhaben sind als eine gewöhnliche Leiter oder eine Gartenleiter. Neben anderen Eigenheiten hat sie die unangenehme Angewohnheit, plötzlich wegzuspringen, wenn alles glatt zu laufen scheint, was für den Laien leicht verwirrend sein kann. Nach diversen Missgeschicken dieser Art schaffte ich es jedoch schließlich, sie ans Fenster zu stellen, und einen Moment später war der Kobold heruntergeklettert und stand neben mir und atmete den Atem der Freiheit ein.

Als Vorsichtsmaßnahme versteckten wir die Leiter in einem Rhododendronbüschel ganz in der Nähe. Kaum hatten wir das getan, stieß Benjamin einen Warnschrei aus und rannte los, während der Kobold und ich hinter einem freundlichen Baum Schutz suchten. Und das war auch nicht zu früh, denn kaum hatten wir das getan, kamen zwei Gestalten um eine Ecke des Hauses – zwei Gestalten, die sehr langsam und sehr dicht beieinander gingen.

„Na, es sind Betty – die Köchin, weißt du – und Peter!", flüsterte der Kobold.

Fast gegenüber unserem Versteck blieb Betty stehen, seufzte schwer und starrte zum Mond hinauf.

„Oh, Peter!", murmelte sie, „schau dir diese Kugel dort an!"

„ Ar !", sagte Peter und blickte gehorsam nach oben.

„Peter, ist das nicht himmlisch ? Bewegt es nicht deine Seele?"

„ Ar !", sagte Peter.

„Peter, bist du sicher, dass du mich mehr liebst als diese Susan-Sache beim Arzt?" Ein Cord-Ärmel schob sich langsam um Bettys mollige Taille, und dann ertönte der unverkennbare Klang eines Kusses.

„Wirklich und wahrhaftig, Peter?"

„ Ar !", sagte Peter, „also hilf mir, Sam!" Das Kussgeräusch wiederholte sich, und sie gingen weiter, nur jetzt wegen des Cordärmels näher beieinander als je zuvor.

„Die beiden sind verliebt, weißt du", nickte der Kobold. „Peter sagt, die Käsekuchen, die sie macht, reichen aus, um jeden Mann dazu zu bringen, sie zu heiraten, ob er will oder nicht, und ich hörte Betty Jane sagen, dass sie Peter anbetet, weil er so viel Seele hat! Warum", fragte er nachdenklich, während er den beiden nachsah, „warum sehen verliebte Leute immer so albern aus, Onkel Dick?"

„Meinen Sie?", fragte ich und hielt inne, um meine Pfeife anzuzünden.

„Natürlich tue ich das!", erwiderte der Kobold. „Warum legt man denn seinen Arm um Mädchen, als ob man sie festhalten wollte? Ich finde das furchtbar albern !"

„Natürlich ist es das, Imp – Ihre Weisheit ist unanfechtbar – und doch kann ich verstehen, dass ein Mann dumm genug ist, es zu tun – gelegentlich."

„Aber das würdest du nie tun, Onkel Dick?"

„Ach, Kobold!", sagte ich kopfschüttelnd. „Das Schicksal scheint alle Chancen dafür auszuschließen."

„Das würden Sie natürlich nicht", rief er aus. „Und Ivanhoe würde das auch nicht tun –"

„Ah, aber das hat er!" warf ich ein. „Hast du Rowena vergessen?"

„Oh!", rief der Kobold traurig, „glaubst du wirklich, dass er jemals seinen Arm um sie gelegt hat?"

„Da bin ich mir sicher", nickte ich. Der Kobold schien sehr niedergeschlagen und sogar schockiert zu sein.

„Aber da war der Schwarze Ritter", sagte er und seine Miene hellte sich plötzlich auf. „Richard von Löwenherz, wissen Sie – das hat er nie getan!"

„Natürlich nicht, während er kämpfte, aber danach, wenn man der Geschichte Glauben schenken darf, tat er das sehr häufig; und wir sind alle gleich, Imp – jeder tut das früher oder später."

„Aber warum? Warum sollte jemand den Arm um ein Mädchen legen wollen, Onkel Dick?"

„Aus dem einfachen Grund, dass das Mädchen da ist, um es zu runden, nehme ich an. Und jetzt, Kobold, lass uns über Fisch reden."

Instinktiv waren wir zum Fluss gewandert und nun blieben wir stehen und beobachteten den breiten, silbernen Pfad, den der Mond durch das Mysterium seines Wassers gezogen hatte.

"Ich liebe es, den Glanz so auf dem Fluss zu sehen", sagte der Kobold verträumt. "Tante Lisbeth sagt, das ist der Weg, auf dem die Mondfeen herunterkommen, um dir schöne Träume zu bringen, wenn du brav warst. Ich bin oft aus dem Bett aufgestanden und habe immer wieder zugeschaut, aber ich habe sie nie kommen sehen. Glaubst du, dass es Feen im Mond gibt, Onkel Dick?"

„Zweifellos", antwortete ich. „Wie bleibt es sonst so hell? Ich habe mich immer gefragt, wie sie es geschafft haben, es so zum Leuchten zu bringen."

„Es muss viel gerieben werden!", sagte der Kobold. „Ich frage mich, ob sie jemals müde werden?"

„Natürlich tun sie das, Imp, und manchmal sind sie auch entmutigt, wie der Rest von uns, und dann ist alles schwarz, und die Leute fragen sich, wo der Mond ist. Aber sie sind sehr tapfer, diese Mondfeen, und sie geben nie ganz die Hoffnung auf, wissen Sie; also fangen sie gleich wieder an zu reiben und zu polieren, wobei sie immer an einer Kante beginnen. Und nach kurzer Zeit sehen wir, wie es wieder zu glänzen beginnt, zuerst ganz klein und dünn, wie ein –"

"Miniaturansicht!"

„Ja, genau wie ein Daumennagel. Und so arbeiten sie immer weiter daran, bis es so groß und rund und hell ist wie heute Abend."

So wanderten wir, der Kobold und ich, gemeinsam durch eine Märchenwelt, während über dem Murmeln des Wassers und dem Seufzen der Bäume die sanfte, bebende Melodie der Geigen ertönte.

„Ich wünschte, ich hätte zu einer Zeit gelebt, als es Ritter wie Ivanhoe gab", platzte es plötzlich aus dem Kobold heraus. „Es muss ein toller Anblick gewesen sein, einen Mann mit der Lanze vom Pferd zu stoßen."

„Immer vorausgesetzt, dass er dich nicht vorher umhaut, Kobold."

„Oh! Ich wäre die Art Ritter gewesen, den niemand umbringen könnte, wissen Sie. Und ich wäre auf meinem treuen Schlachtross umhergezogen, hätte gegen alle möglichen schäbigen Barone und Schurken gekämpft und Riesen erschlagen; und ich hätte schöne Damen aus düsteren Burgen gerettet – obwohl ich natürlich nicht meinen Arm um sie gelegt hätte!"

„Der Gedanke ist vergänglich, mein Kobold!"

„Onkel Dick!", sagte er einschmeichelnd, „ich wünschte, du wärst der Schwarze Ritter und ließest mich Ivanhoe sein."

„Aber es gibt keine Schurken und Dinge mehr, gegen die wir kämpfen können, Kobold, und leider auch keine schönen Damen, die wir aus finsteren Burgen retten können!"

Nun gingen wir weiter, fast unmerklich angezogen vom magischen Faden der Melodie, der uns über verschlungene Pfade zu einer niedrigen Steinmauer geführt hatte, hinter der wir den Glanz erleuchteter Fenster und das Funkeln von Feenlampen zwischen den Bäumen sehen konnten. Und dort drüben, inmitten der Musik und des Gelächters, war Lisbeth in all der Pracht ihrer Schönheit, natürlich glücklich und unbeschwert; und hier, unter dem Mond, war ich.

„Wir könnten so tun, als wäre das hier ein düsteres Schloss, weißt du, Onkel Dick, voller Verliese und Türmchen, und als würden wir Tante Lisbeth retten."

„Imp", sagte ich, „das ist wirklich eine tolle Idee."

„Ich wünschte, ich hätte mein treues Schwert mitgebracht“, seufzte er und suchte nach etwas, das seinen Platz einnehmen könnte. „Ich habe es unter meinem Kissen liegen gelassen, wissen Sie.“

Sehr bald jedoch hatte er sich zwei Stöcke besorgt, die zwar etwas dünn und wackelig waren, sich jedoch durch die Magie seiner Vorstellungskraft in furchterregende zweischneidige Schwerter verwandelten, mit einem davon bewaffnete er mich, das andere schwang er über seinem Kopf.

„Vorwärts, tapfere Ritter!“ rief er; „die Bresche! die Bresche! Vorwärts! Vorwärts! St. Georg, für das fröhliche England!“ Mit diesen Worten kletterte er auf die Mauer und verschwand auf der anderen Seite.

Einen Moment lang zögerte ich, doch dann, inspiriert von der Musik und dem Gedanken an Lisbeth, folgte ich ihrem Beispiel. Natürlich war das alles sehr verrückt, aber wer scherte sich schon um Vernunft in einer solchen Nacht – ich jedenfalls nicht.

„Vorsicht, Kobold!“, warnte ich ihn. „Wenn uns jemand sieht, hält er uns zweifellos für Diebe oder Wahnsinnige.“

Wir befanden uns in einem umzäunten Garten mit einem Weg, der zwischen Obstbaumreihen hindurchführte. Dieser führte uns auf eine breite Rasenfläche, auf der hier und da ein großer Baum stand, und dahinter die glänzenden Fenster des Hauses. Voller Abenteuerlust näherten wir uns dem Garten und blieben dabei so weit wie möglich im Schatten, bis wir Gestalten sahen, die auf der Terrasse hin und her schlenderten oder auf den Wegen darunter flanierten.

Die Aufregung, uns durch so viele Menschen zu schlängeln, war groß; immer wieder wurden wir nur von mehr als einem wandernden Paar vor Entdeckung bewahrt, weil ihre ganze Aufmerksamkeit auf sich selbst gerichtet war. Als wir zum Beispiel um einen Lorbeerbusch herumkämpften, um in den Schatten der Terrasse zu gelangen, liefen wir beinahe einem Paar in die Arme; aber sie sahen uns nicht, aus dem sehr guten Grund, dass sie den Mond anstarrte und er sie.

„So süß von dir, Archibald!“, sagte sie.

„Warum hat sie ihn kahl genannt, Onkel Dick?“, fragte der Kobold mit lautem Bühnengeflüster, als ich ihn hinter die Lorbeeren zog. „Er ist kein bisschen kahl, weißt du! Und ich sage, Onkel Dick, hast du seinen Arm gesehen, er war rund –“

„Ja – ja!“ Ich nickte.

„Genau wie bei Peter, weißt du.“

„Ja, ja, das habe ich gesehen.“

„Ich frage mich, warum sie ihn angerufen hat –"

„Psst!", unterbrach ich sie. „Ich glaube, sein Name ist Archibald."

„Also, ich hoffe, wenn ich groß bin, wird mich niemand mehr nennen –"

„Psst!", sagte ich noch einmal, „kein Wort – da ist deine Tante Lisbeth! Sie stand tatsächlich auf der Terrasse, nur einen Meter von unserem Versteck entfernt, und neben ihr war Mr. Selwyn.

„Onkel Dick", flüsterte der unbezähmbare Kobold, „glaubst du, wenn wir lange genug zusehen, wird Mr. Selwyn seinen Arm um uns legen –"

„Halt den Mund!", flüsterte ich wütend. Lisbeth trug ein langes, schleppendes Kleid aus taubenfarbener Seide – eines jener eng anliegenden Kleidungsstücke, bei denen sich Uneingeweihte wie ich fragen, wie sie das bloß anziehen. Außerdem trug sie einen Schal, was mir leid tat, denn ich war schon immer ein Bewunderer schöner Dinge, und Lisbeths Hals und Schultern sind herrlich. Mr. Selwyn stand neben ihr mit einem Teller Eiscreme in der Hand, den er ihr reichte, und sie setzten sich. Als ich sie beobachtete und ihre müde, gelangweilte Miene bemerkte und wie wehmütig sie zur silbernen Mondscheibe aufblickte, empfand ich ein Gefühl entschiedener Befriedigung.

„Ja", sagte Lisbeth und spielte geistesabwesend mit dem Eis, „er hat Dorothys Gesicht mit Streifen aus rotem und grünem Emaille bemalt, und der Himmel weiß, wie wir das jemals wieder ganz abbekommen!"

Mr. Selwyn war gebührend schockiert und murmelte etwas über die „Wirksamkeit von Terpentin" in einem solchen Notfall.

„Natürlich musste ich ihn bestrafen", fuhr Lisbeth fort, „also schickte ich ihn gleich nach dem Tee ins Bett und ging nicht hin, um ihm gute Nacht zu sagen oder ihn zuzudecken, wie ich es sonst tue, und das hat mir den ganzen Abend Sorgen bereitet."

Mr. Selwyn war überzeugt, dass es ihm gut ging, und absolut sicher, dass er in diesem Moment in einen milden Schlaf gehüllt war. Trotz meiner warnenden Hand kicherte der Kobold, aber wir wurden gerettet, als die Band anfing zu spielen. Mr. Selwyn stand auf, gab Lisbeth den Arm und sie betraten den Ballsaal wieder. Eins nach dem anderen folgten die anderen Paare ihrem Beispiel, bis die lange Terrasse verlassen war. Auf Lisbeths verlassenem Stuhl lag nun das Eis, das im sanften Schein der chinesischen Laternen wunderbar rosa leuchtete.

„Onkel Dick", sagte der Kobold auf seine nachdenkliche Art, „ich glaube, ich werde für eine Weile ein Bandit sein."

„Was immer du willst", antwortete ich vorschnell, „solange wir wegkommen, solange wir können."

„Na gut", flüsterte er, „es dauert gleich", und bevor ich ihn aufhalten konnte, war er die Stufen hinuntergeklettert und auf das Eis gefallen.

Die wunderbare Geschwindigkeit, mit der der Kobold das Eis hinunterschlang, war geradezu ehrfurchtgebietend. Fast in kürzerer Zeit, als man braucht, um zu sagen, dass der Teller leer war. Doch kaum hatte er den letzten Bissen hinuntergeschluckt, hörte er Mr. Selwyns Stimme ganz in der Nähe. In seiner Eile ließ der Kobold seine Mütze fallen, ein grelles Ding in Rot und Weiß, und bevor er sie wieder aufheben konnte, erschien Lisbeth wieder, gefolgt von Mr. Selwyn.

- „Hier draußen ist es bestimmt angenehmer!", sagte er.

Lisbeth ging direkt auf die Kappe zu – es war moralisch unmöglich, dass sie sie nicht sehen konnte – und doch sank sie wortlos oder ohne ein Zeichen in ihren Stuhl. Mr. Selwyn dagegen stand mit dem leeren Eisteller in der Hand da und starrte ihn mit weit aufgerissenen Augen erstaunt an.

„Es ist weg!", rief er.

„Oh!", sagte Lisbeth.

„Ganz außergewöhnlich!", sagte Mr. Selwyn, rückte sein Monokel zurecht und starrte intensiver denn je. „Ich frage mich, wo es hingekommen ist?"

„Vielleicht ist es geschmolzen!", schlug Lisbeth vor, „und ich hätte so gern ein Eis gehabt!", seufzte sie.

„Dann hole ich Ihnen natürlich gerne noch einen", sagte er und eilte davon, während er den Teller zweifelnd beäugte.

Kaum war Lisbeth allein, trat sie die Schleppe ihres Kleides beiseite und hob die verräterische Mütze auf.

„Kobold!", flüsterte sie und stand auf. „Kobold, kommen Sie sofort her, Sir!" Es folgte eine kurze, atemlose Pause, und dann wand sich der Kobold in ihr Blickfeld.

„Hallo, Tante Lisbeth!", sagte er mit völlig gespielter Fröhlichkeit.

„Oh!", rief sie verzweifelt, „was soll das denn heißen? Was machst du hier? Oh, du böser Junge!"

„Lisbeth", sagte ich, als ich mich ebenfalls erhob und sie zur Rede stellte, „geben Sie dem Kind nicht die Schuld – es ist meine Schuld – lassen Sie mich es erklären; mithilfe einer Leiter –"

„Nicht hier", flüsterte sie und blickte nervös zum Ballsaal.

„Dann komm, wo ich kann.“

"Unmöglich!"

„Keineswegs. Sie brauchen nur diese Stufen hinabzugehen, und wir können ungestört reden.“

„Lächerlich!“, sagte sie und bückte sich, um dem Kobold die Mütze wieder aufzusetzen; doch da sie so verlockend in Reichweite war, stand sie im nächsten Moment neben uns im Schatten.

„Dick, wie konntest du nur, wie konntest du es wagen?“

„Sehen Sie, ich musste es Ihnen erklären“, antwortete ich sehr demütig. „Ich konnte wirklich nicht zulassen, dass dieses arme Kind die Schuld für meinen Fehler trägt –“

„Ich bin kein ‚armes Kind‘, Onkel Dick“, protestierte der Kobold. „Ich bin ein galanter Ritter und –“

„— Die Schuld liegt bei mir, Lisbeth“, fuhr ich fort. „Ich allein muss mich deinem gerechten Groll stellen, denn—“

„Psst!“, flüsterte sie und blickte sich hastig um.

„— Denn mit Hilfe einer Leiter, Lisbeth, einer gewöhnlichen Gartenleiter—“

„Oh, sei doch still!“, sagte sie und legte ihre Hand auf meine Lippen, die ich sofort dort festhielt, aber nur für einen Moment; im nächsten Moment wurde sie weggerissen, als das unverkennbare Geräusch von jemandem ertönte , der sich näherte.

„Komm, Tante Lisbeth“, flüsterte der Kobold, „ hab keine Angst , wir retten dich.“

Oh! Es lag heute Abend ganz sicher Magie in der Luft. Denn mit einer schnellen, geschickten Bewegung hatte Lisbeth ihre lange Schleppe über den Arm geworfen, und wir liefen Hand in Hand, alle drei, über Rasenflächen und gewundene Pfade zwischen Eibenhecken, manchmal so dicht beieinander, dass ich eine Strähne ihres duftenden Haares fast streichelnd über mein Gesicht spüren konnte. Ganz sicher lag heute Abend Magie in der Luft!

Plötzlich blieb Lisbeth stehen, errötet und keuchend.

„Also!“, rief sie und blickte von mir zum Kobold und wieder zurück, „hat es jemals etwas so Verrücktes gegeben!“

„Alles ist verrückt heute Nacht“, sagte ich. „Es ist der Mond!“

„Wenn ich daran denke, dass ich einfach so mit zwei – zwei – weggelaufen bin.“

„Eindringlinge“, schlug ich vor.

„Ich sollte wirklich sehr, sehr wütend auf Sie sein – auf Sie beide“, sagte sie und versuchte, die Stirn zu runzeln.

„Nein, sei nicht böse auf uns, Tante Lisbeth“, flehte der Kobold, „ denn du bist eine reizende Dame in einem finsteren Schloss, und wir sind zwei galante Ritter, also mussten wir kommen und dich retten; und du bist nie gekommen, um mir einen Gutenachtkuss zu geben, und es tut mir schrecklich leid, dass ich Dorothys Gesicht bemalt habe – wirklich!“

„Kobold“, rief Lisbeth und fiel ohne Rücksicht auf ihre Seide und Spitzen auf die Knie, „Kobold, komm und küss mich.“ Der Kobold zog ein ausgesprochen schmuddeliges Taschentuch hervor, rieb sich damit die Lippen und gehorchte.

„Nun, Onkel Dick!“, sagte er und hielt mir das schmuddelige Taschentuch hin. Lisbeth errötete tatsächlich.

„Reginald!“, rief sie aus, „ wie kommst du nur auf so eine Idee?“

„Oh, jeder küsst immer irgendjemanden, weißt du“, nickte er, „und jetzt ist Onkel Dick an der Reihe.“

Lisbeth erhob sich von ihren Knien und begann, ihr widerspenstiges Haar in Ordnung zu bringen. Als sie nun die Arme hob, glitt ihr Schal ganz natürlich zu Boden; und als ich da stand, ihre Augen unter ihren dunklen Wimpern zu mir herauflachten, das Mondlicht in ihrem Haar und auf dem Schnee an ihrem Hals und ihren Schultern glitzerte, war sie mir noch nie so verwirrend und verführerisch schön erschienen.

„Dick“, sagte sie, „ich muss sofort zurück – bevor sie mich vermissen.“

„Zurückgehen!“, wiederholte ich, „niemals – das heißt, noch nicht.“

„Aber nehmen wir an, jemand hätte uns gesehen!“, sagte sie mit einer Haarnadel im Mund.

„Das werden sie nicht“, antwortete ich. „Du wirst dafür sorgen, nicht wahr, Kobold?“

„Das werde ich natürlich, Onkel Dick!“

„Dann geht Ihr, Herr Ritter, und haltet treue Wache hinter jenem Apfelbaum, und lasst keinen gemeinen Schurken hierherkommen; das heißt, wenn Ihr jemanden seht, sagt es mir unbedingt.“ Der Kobold salutierte und verschwand sofort hinter dem besagten Apfelbaum, während ich dastand,

Lisbeths geschickte Finger beobachtete und versuchte, mich an eine Zeile von Keats zu erinnern, die eine schöne Frau im Mondlicht beschreibt. Bevor ich mich jedoch daran erinnern konnte, unterbrach mich Lisbeth.

„Meinen Sie nicht, Sie könnten meinen Schal aufheben, anstatt mich anzustarren, als wäre ich … "

„Die schönste Frau der Welt!", warf ich ein.

„Wer erkältet sich todbringend?", lachte sie, doch trotz ihres heiteren Tons blickte sie mir in die Augen, als ich ihr gehorsam den Schal umlegte. Dabei blieb mein Arm ganz natürlich dort, da er um sie gelegt war, und – oh Wunder – ich wurde nicht zurückgewiesen. Und genau in diesem Moment erklang aus den schattigen Bäumen hinter uns der reiche, klare Gesang einer Nachtigall.

Oh! Ganz sicher war die Luft heute Nacht voller Magie!

„Dick", sagte Lisbeth sehr leise, als die trillernden Töne verklangen, „ich dachte, von einer solchen Nacht könnte man nur träumen."

„Und doch könnte das Leben noch viele solcher Dinge für dich und mich bereithalten, wenn du es nur zulassen würdest, Lisbeth", erinnerte ich sie. Sie antwortete nicht.

„Nicht weit vom Dorf Down in Kent", begann ich.

„Da steht ein Haus", warf sie ein und starrte mit verträumten Augen zum Mond hinauf.

„Ein sehr altes Haus mit gewundenen Tudor-Schornsteinen und spitzen Giebeln – du siehst, ich habe alles auswendig gelernt, Dick – ein Haus mit breiten Treppen und langen, getäfelten Kammern –"

"Im Moment sehr leer und trostlos", fügte ich hinzu. "Und unter anderem gibt es einen Rosengarten - sie nennen ihn My Lady's Garden, Lisbeth, obwohl seit vielen Jahren keine Dame seine gewundenen Pfade betreten hat. Aber ich habe viele, viele Male geträumt, dass wir zwischen den Rosen standen, sie und ich, in einer Nacht wie dieser. Also halte ich das alte Haus bereit und die Gärten frisch getrimmt, bereit für die Ankunft meiner Dame; muss ich noch viel länger warten, Lisbeth?" Als ich geendet hatte, nahm die Nachtigall die Geschichte wieder auf, plädierte für meine Sache und erfüllte die Luft mit einer Melodie, die mal flehend, mal gebieterisch war, bis sie allmählich in einem langen Ton leidenschaftlicher Bitte verklang.

Lisbeth seufzte und drehte sich zu mir um, doch in diesem Moment spürte ich ein Ziehen an meinem Mantel, und als ich mich umsah, erblickte ich den Kobold.

„Onkel Dick", sagte er und wandte den Blick geflissentlich ab, zweifellos wegen der Position meines Arms, „hier ist Mr. Selwyn!"

Mit einem plötzlichen Aufschrei schreckte Lisbeth von mir zurück und raffte ihre Röcke, um loszurennen.

„Wohin , mein Kobold?"

"Kommt über den Rasen."

„Reginald", sagte ich feierlich, „hör mir zu. Du musst mit gespannter Lanze auf ihn losgehen und ihm sagen, dass du ein fahrender Ritter bist und den Ruhm dieser schönen Dame , deiner Tante Lisbeth, verteidigen möchtest. Und was auch immer geschieht, du musst es schaffen, ihn von hier fernzuhalten. Verstehst du?"

„Ja, aber ich wünschte, ich hätte mein treues Schwert mitgebracht, weißt du", seufzte er.

„Mach dir darüber keine Gedanken, Kobold."

„Wird Tante Lisbeth ganz – "

„Es wird ihr gut gehen."

„Ich schätze, wenn Sie Ihren Arm hinlegen –"

„Kümmere dich nicht um meinen Arm, Kobold, geh!"

„Dann leb wohl!", sagte er und trabte mit einem melodramatischen Schwung seiner Lanze davon.

„Was meinte er mit deinem Arm, Dick?"

„Wahrscheinlich das!", antwortete ich und legte es ihr noch einmal um.

„Aber Sie müssen sofort verschwinden", flüsterte Lisbeth. „Wenn Mr. Selwyn Sie sehen sollte –"

„Ich habe vor, dass er das tun wird. Oh, es wird ganz einfach sein; während er mit mir spricht, können Sie sich wieder dem … widmen."

„Psst!", flüsterte sie und legte ihre Finger auf meine Lippen. „Hör zu!"

„Hallo, Mr. Selwyn!", ertönte es im vertrauten Ton des Kobolds.

„Aber, guter Himmel!", rief eine andere Stimme, viel zu nah, um angenehm zu sein, „was in aller Welt machen Sie hier – und zu dieser Nachtzeit?"

"Suche niedere Knechte!"

„Weißt du nicht, dass alle kleinen Jungs – alle netten kleinen Jungs – schon vor Stunden im Bett hätten sein sollen?"

„Aber ich bin kein netter kleiner Junge; ich bin ein fahrender Ritter. Möchten Sie eine Lanze holen, Mr. Selwyn, und sie mit mir zur Ehre meiner Tante Lisbeth zerbrechen?"

„Die Frage ist, was ist aus ihr geworden?", sagte Mr. Selwyn. Wir warteten fast atemlos auf die Antwort.

„Oh! Ich glaube, sie ist irgendwo und guckt den Mond an; jeder guckt den Mond an, wissen Sie; Betty tut das, und die Dame mit dem Mann mit dem komischen Namen wegen seiner Glatze, und –"

„Ich denke, Sie sollten besser mit zum Haus kommen", sagte Mr. Selwyn.

„Meinst du, du könntest mir dann ein Eis besorgen?", fragte der Kobold eindringlich. „Hübsch rosa, weißt du, mit –"

„Ein Eis!", wiederholte Mr. Selwyn. „Ich frage mich, wie viele Sie heute Abend schon hatten?"

Die Zeit zum Handeln war gekommen. „Lisbeth", sagte ich, „wir müssen gehen; solch ein Glück kann nicht von Dauer sein; wie auch? Ich glaube, es ist uns gegeben, um in weniger glücklichen Tagen davon zu träumen. Für mich wird es eine Erinnerung sein, die ich immer in Ehren halten werde, und doch könnte da noch etwas sein – eine Kleinigkeit, Lisbeth – kannst du es erraten?" Sie sprach nicht, aber ich sah, wie das Grübchen in ihrem Mundwinkel kam und ging, also beugte ich mich vor und küsste sie. Einen Moment lang, viel zu kurz, standen wir so da, umgeben vom Glanz des Mondlichts; dann eilte ich über den Rasen hinter Selwyn und dem Kobold her.

„Ah, Mr. Selwyn!", sagte ich, als ich sie überholte, „ also haben Sie ihn gefunden, nicht wahr?" Mr. Selwyn drehte sich zu mir um, die Überraschung war ihm deutlich anzusehen, von den Spitzen seiner makellosen Lackschuhe bis hin zum Scheitel seines nicht minder makellosen Haares.

„Das ist wirklich sehr nett von Ihnen", fuhr ich fort. „Sie sehen, es ist so schwierig, ihn wiederzufinden, wenn er einmal verloren geht. Ich bin Ihnen wirklich sehr dankbar." Mr. Selwyns Haltung war höflich und förmlich. Er verbeugte sich.

„Was ist heute Nacht", fragte er, „Piraten?"

„ So schlimm kann es kaum sein", erwiderte ich. „Heute Nacht ist die Luft erfüllt vom Klirren der Rüstungen und dem Klirren von Stahl. Wenn Sie es nicht hören, ist das nicht unsere Schuld."

„Und die Wälder sind voll von schäbigen Baronen und schäbigen Schurken, nicht wahr, Onkel Dick?"

„Gewiss", nickte ich, „mit Lanze und Speerspitze, die durch die Dunkelheit funkeln, aber im silbernen Glanz des Mondes, Mr. Selwyn, wandeln verirrte Damozellen und schöne Damen , und wenn Sie sie nicht sehen, ist es Ihr Verlust." Während ich sprach, hielt auf der Terrasse ein grauer Schatten einen Moment inne, bevor er vom Glanz des Ballsaals verschluckt wurde; als ich ihn sah, störte mich das leicht überlegene Lächeln nicht, das Mr. Selwyns sehr präzisen Schnurrbart krümmte; schließlich war meine Rhapsodie nicht ganz umsonst gewesen. Als ich geendet hatte, drangen die ersten Takte eines Walzers zu uns herüber. Mr. Selwyn blickte über seine Schulter zurück.

„Ah! Ich nehme an, Sie finden den Weg hinaus?", fragte er.

„Oh ja, danke."

„Dann entschuldigen Sie mich bitte. Ich denke, ich überlasse es Ihnen – äh – es zu tun. Der nächste Tanz beginnt und – äh –"

„Sicher", sagte ich, „selbstverständlich – gute Nacht und vielen Dank – wirklich!" Mr. Selwyn verbeugte sich, wandte sich ab und überließ uns uns selbst.

„Ich hätte gern noch ein Eis gehabt, Onkel Dick", seufzte der Kobold bedauernd.

„Ritter haben nie Eis gegessen!", sagte ich, als wir uns auf den Weg zum nächsten machten.

„Onkel Dick", sagte der Kobold plötzlich, „glauben Sie, Mr. Selwyn möchte seinen Arm um Tante Lis legen –"

"Möglicherweise!"

„Und Sie meinen , Tante Lisbeth möchte, dass Mr. Selwyn ..."

„Ich weiß nicht – natürlich nicht – äh – halt bitte den Mund, ja, Kobold?"

„Ich wollte es nur wissen, wissen Sie", murmelte er.

Dann gingen wir schweigend weiter, und ich begann wieder von Lisbeth zu träumen, von ihrem Seufzen, von dem Blick in ihren Augen, als sie sich zu mir umdrehte, mit zitternder Antwort auf den Lippen, die der Kobold mir unabsichtlich abgebrochen hatte. In dieser Stimmung näherte ich mich jener Ecke des Gartens, wo sie mit mir gestanden hatte, jener stillen, schattigen Ecke, die mir fortan ihretwegen in Erinnerung bleiben sollte, die –

Ich blieb plötzlich stehen, als ich zwei Gestalten sah – eine mit Haube und Schürze einer Dienerin und die andere mit dem prächtigen Plüsch und kalten Zopf eines Dieners; und sie standen genau an der Stelle, wo Lisbeth und ich gestanden hatten, und in fast derselben Haltung – es war eine Entweihung. Ich stand stocksteif da, obwohl der Kobold wild an meinem Mantel zog, alle anderen Gefühle wurden von einem halb belustigten Groll verschluckt. Der prächtige Diener drehte zufällig den Kopf, erspähte mich plötzlich, nahm seinen in Plüsch gehüllten Arm von der Taille der adretten Dienerin, ballte die Fäuste und schritt mit wahrhaft furchterregender Miene auf uns zu.

„Und was könnte Ihr Spiel sein?", fragte er mit jener hochmütigen Miene, die untrennbar mit Plüsch und Goldborte verbunden ist. „Oh, ich kenne Ihre Art, wirklich – ich kenne Sie !"

„Dann, Kumpel", sagte ich, „kenne ich dich nicht, bei Thor, das schwöre ich, und bei Og dem Schrecklichen, König von Baschan!"

"' Ogs, ist es?", sagte er empört, "versuchen Sie nicht, mich mit Ihren ' Ogs zu überrumpeln ; nein, noch nicht mal Ihre Jungs! Die Frage ist, warum Sie hier herumlaufen ?" Nun, vielleicht getäuscht durch meine friedliche Haltung oder inspiriert durch die strahlenden Augen der adretten Dienerin, packte er mich nicht gerade sanft am Kragen, zum Entsetzen des Kobolds.

„Nein, aber ich werde dir Geld geben –"

„Du willst mit mir ins Haus kommen, und zwar ohne jeden Blödsinn, verstanden?"

„Dann muss ich dich für einen barbarischen Hund schlagen – also – niederträchtiger Sklave – verschwinde !" Daraufhin versetzte ich dem, was in „Sport"-Kreisen technisch als „rechter Haken ins Ohr" bekannt ist, gefolgt von einem „linken Schlag aufs Kinn", und mein Angreifer verschwand sofort hinter einem Busch, mit einem Aufblitzen von rosa Seidenwaden und Schnallenschuhen. Dann, während die adrette Dienerin die Luft mit ihren Klagen erfüllte, rannten der Kobold und ich eilig auf die Mauer zu, über die ich ihn mit Hals und Gerte warf, und wir machten uns Hals über Kopf auf den Weg entlang des Flusses.

„Oh, Onkel Dick", keuchte er, „wie – wie gut du bist! Du hast diesen Diener – ich meine den Knecht – aus dem Sattel geworfen, wie – wie sonst was. Oh, ich wünschte, du würdest jeden Abend so spielen!"

„Der Himmel bewahre!", rief ich inbrünstig.

Als wir schließlich das Tor mit dem Gebüsch erreichten, machten wir eine kurze Pause, um wieder zu Atem zu kommen.

„Onkel Dick", sagte der Kobold und musterte mich nachdenklich, „hast du seinen Arm gesehen – ich meine, bevor du ihn auf Hüfte und Oberschenkel geschlagen hast?"

"Ich tat."

"Es war um ihre Taille."

„Kobold, das war es.“

„Genau wie bei Peter?“

"Ja."

„Und der Mann mit dem komischen Namen?“

„Ja, Archibalds“,

„Und – und –“

„Und meine“, warf ich ein, als ich sah, dass er innehielt.

„Onkel Dick – warum?“

„Ach, wer weiß, Kobold – vielleicht war es die Mondmagie. Und jetzt, bei meiner Treue! Es ist höchste Zeit, dass alle guten Ritter schnarchen, also ab ins Bett und in die Schlummerwelt!“

Die Leiter wurde aus ihrem Versteck gezerrt, und der Kobold, der aufgestiegen war, beobachtete mich von seinem Fenster aus, als ich sie aus sehr offensichtlichen Gründen wieder auf die Lorbeeren achtete.

„Wir haben keine Feen gesehen, oder, Onkel Dick?“

„Nun, ich glaube, das habe ich, Kobold, nur für einen Moment. Ich kann mich natürlich auch geirrt haben, aber trotzdem war es eine wundervolle Nacht. Und so – Gott schenke dir Ruhe, edler Ritter!“

V
Die Episode von der Indianer-Tante

Die Sonne brannte, wie es sich für eine Sonne mit echtem Selbstbewusstsein an einem schönen Augustnachmittag gehört; doch ihre Hitze wurde durch eine sanfte, kühle Brise gemildert, die die Blätter über meinem Kopf bewegte. Der Fluss flüsterte dem Schilf viele Dinge zu, Dinge, die mir, wenn ich klug genug gewesen wäre, sie zu verstehen, beim Schreiben vieler wundervoller Bücher hätten helfen können, denn da er so alt ist und so viel gesehen und gehört hat, ist er von Natur aus sehr weise. Aber leider! Da ich die Sprache der Flüsse nicht kannte, musste ich mich mit meinen eigenen Träumen und dem großen, gesprenkelten Frosch zufriedengeben, der neben mir saß und mit seinen großen, goldumrandeten Augen den Fluss beobachtete.

Er war ganz glücklich, da war ich sicher. In jeder Linie seines fetten, gefleckten Körpers lag eine selbstgefällige Zufriedenheit. Und als ich ihn beobachtete, kehrten meine Gedanken ganz natürlich zu den „Pickwick Papers" zurück, und ich wiederholte Mrs. Lyon-Hunters unsterbliche Ode, die so begann:

Kann ich dich keuchend und sterbend auf einem Baumstamm sehen ,
du sterbender Frosch?

Der große grüne Frosch neben mir hörte höflich zu, schien aber im Großen und Ganzen seltsam ungerührt. Als ich mich an das Buch in meiner Tasche erinnerte, nahm ich es heraus; ein altes Buch mit abgenutztem Ledereinband, das seit seiner Erstveröffentlichung vor über zweihundert Jahren durch viele Hände gegangen ist.

Es ist in der Tat ein wunderbares, höchst entzückendes Buch, das der Welt als „Der perfekte Angler" bekannt ist. Darin kann man zwar einiges über Fische und das Angeln lesen, aber mehr über das liebenswerte Wesen des alten Izaac , seine sonnigen Bäche und schattigen Teiche, seine drallen Milchmädchen und abgeschiedenen Gasthäuser und seine freundlichen Kommentare zu Menschen und Dingen im Allgemeinen. Doch wie gesagt, er spricht gelegentlich über Fische und das Angeln und unter anderem über lebende Frösche als Köder. Nachdem er die richtige Methode beschrieben hat, einen Frosch auf den Haken zu spießen, endet er mit dieser Anweisung:

Behandeln Sie es, als ob Sie es lieben, damit es länger lebt!

Bis jetzt hatte der Frosch seine höfliche Aufmerksamkeit auf eine Weise bewahrt, die seiner Erziehung durchaus Ehre machte, aber das war zu viel des Guten; seine überladenen Gefühle brachen mit einem heiseren Krächzen aus ihm heraus und er verschwand mit einem Platschen im Fluss.

„Guten Tag, Onkel Dick!", sagte eine Stimme neben mir, und als ich mich umsah , erblickte ich Dorothy. Unter einem Arm trug sie das flauschige Kätzchen und in der anderen Hand einen Zettel.

„Ich habe Reginald versprochen, dir das zu geben", fuhr sie fort, „und – oh ja – ich sollte zuerst ‚Hist !' sagen."

Hist ' gesagt ?"

„Oh, weil alle Indianer immer ‚Hist !' sagen, wissen Sie."

„Das tun sie sicher", antwortete ich. „Aber soll ich das so verstehen, dass Sie ein Indianer sind?"

„Heute nicht", antwortete Dorothy kopfschüttelnd. „Als Reginald mich das letzte Mal bemalte, war Tante furchtbar wütend – sie und die Krankenschwester brauchten ewig, um alles abzubekommen – die Kriegsbemalung, meine ich – also fürchte ich, ich kann nie wieder Indianerin sein!"

„Das ist sehr bedauerlich!", sagte ich.

„Ja, das ist es nicht. Aber niemand kann ein Indianerhäuptling sein ohne Kriegsbemalung, oder?"

„Ganz bestimmt nicht", antwortete ich. „Sie scheinen eine Menge darüber zu wissen."

„Oh ja", nickte Dorothy. „Reginald hat ein Buch über Indianer, das voller Bilder ist – und hier ist der Brief", schloss sie und drückte ihn mir in die Hand.

Ich glättete die vielen Falten und Knicke und las Folgendes:

An meinen Bruder mit dem Eimergesicht:

Ehe der nächste Mond kommt, wird die Gefleckte Schnaake auf dem Kriegspfad sein und das rote Gras wird in Schwärmen fließen .

„Es klingt schrecklich, nicht wahr?", sagte Dorothy und umarmte ihr Kätzchen.

„Schrecklich!", erwiderte ich.

„Er hat es aus dem Buch, wissen Sie", fuhr sie fort, „aber ich habe den Teil über die Eimer eingefügt – ein Eimer fasst so viel, finden Sie nicht? Aber auf der anderen Seite steht noch mehr." Gehorsam drehte ich mich um und las:

„ Bevor der nächste Mond kommt, werden Skalps am Gürtel von Spotted Snaik baumeln , denn in seinen Fußstapfen lauern Tod und Verderben . Aber fürchte dich nicht, Eimergesicht, du bist mein Bruder – leb wohl .

Sined
SPOTTED SNAIK.

„Es gab noch viel mehr, aber wir konnten es nicht unterbringen", sagte Dorothy. In eine Ecke gequetscht fand ich dieses Nachwort:

Wenn Sie kommen und ein indischer Koch sein wollen Onkel Dick, ich mache dir einen Speer, und du kannst Blood-in-the-Eye sein. Er war ein toller Kerl, und niemand außer Spotted Snaik konnte ihn schlagen , willst du, Onkel Dick?

„Er möchte, dass Sie eine Antwort schreiben, und ich soll sie ihm bringen", sagte Dorothy.

„Blut im Auge!", wiederholte ich. „Nein, ich fürchte nicht. Ich hätte nicht viel dagegen, eine Rothaut zu werden – für eine Weile –, aber Blut im Auge! Wirklich, Dorothy, ich fürchte, das würde ich nicht schaffen."

„Er war sehr mutig", erwiderte Dorothy, „und furchtbar stark und konnte – konnte seine Lanze so zielsicher werfen, dass er seinen Feind im Handumdrehen an den nächsten Baum nagelte. Das steht in dem Buch, wissen Sie."

„Es muss sicherlich eine große Befriedigung sein, seinen Feind an einen Baum zu nageln", nickte ich.

„Jaa, das denke ich auch", sagte Dorothy ziemlich zweifelnd.

„Und wo ist Spotted Snake – ich meine, was macht er?"

„Oh, er ist unten am Fluss mit Pfeil und Bogen und hält Ausschau nach Kanus. Es hat großen Spaß gemacht! Er hat auf einen Mann in einem Boot geschossen – und ihn fast getroffen. Der Mann wurde richtig wütend, also mussten wir uns im Gebüsch verstecken, genau wie echte Indianer. Oh, es war toll!"

„Aber deine Tante Lisbeth hat gesagt, du darfst nicht in der Nähe des Flusses spielen, weißt du", sagte ich.

„Das habe ich ihm auch gesagt", erwiderte Dorothy, „aber er meinte, Indianer hätten keine Tanten, und da wusste ich nicht, was ich sagen sollte. Was denkst du darüber, Onkel Dick?"

„Nun", antwortete ich, „wenn ich es mir recht überlege, kann ich mich nicht erinnern, jemals von der Tante eines Indianers gehört zu haben."

„Die Armen!", sagte Dorothy und gab dem flauschigen Kätzchen einen Kuss zwischen die Ohren.

„Ja, es ist vielleicht hart für sie, und doch", fügte ich nachdenklich hinzu, „ist eine Tante manchmal ein zweischneidiges Schwert. Ob ein Indianer nun eine Tante hat oder nicht, die Tatsache bleibt, dass Wasser die unangenehme Angewohnheit hat, einen nass zu machen, und im Großen und Ganzen denke ich, ich werde mal nachsehen, was Spotted Snake vorhat."

„Dann werde ich wohl ein Stück mitkommen", sagte Dorothy, als ich aufstand. „Weißt du, ich muss Louise ihre Nachmittagsmilch bringen."

„Und wie geht es Louise?", erkundigte ich mich und zog das flauschige Kätzchen am nächsten Ohr.

„Sehr gut, danke", antwortete Dorothy sittsam, „aber oh je! Kätzchen sind so eine ständige Quelle der Sorge und Angst!' Tante Lisbeth sagt das manchmal über Reginald und mich. Ich frage mich, was sie sagen würde, wenn wir Kätzchen wären!"

„Tschüss, wo ist deine Tante Lisbeth?", fragte ich in streng plauderhaftem Ton.

"Na, sie liegt ja im alten Boot."

„Im alten Boot!", wiederholte ich.

„Ja", nickte Dorothy. „Wenn es schön warm und schläfrig ist, wie heute, nimmt sie ein Buch, ein Kissen und einen Sonnenschirm und legt sich in das alte Boot unter der Wassertreppe. Da, sieh dir nur diese freche Louise an!" Sie brach ab, als das Kätzchen auf ihre Schulter kletterte und dort stehen blieb, wobei es sehr geschickt das Gleichgewicht hielt und seltsame, eckige Bewegungen seines Schwanzes machte. „Das ist, weil sie denkt, ich hätte ihre Milch vergessen, weißt du. Sie ist furchtbar ungeduldig, aber ich schätze, ich muss ihr dieses eine Mal nachgeben . Guten Tag!" Und nachdem sie mir auf ihre sittsame, altmodische Art die Hand gegeben hatte, eilte Dorothy davon, das Kätzchen immer noch auf ihrer Schulter sitzend, dessen Schwanz bei jedem Schritt krampfhaft zuckte.

Nach kurzer Zeit kam ich in Sichtweite der Wassertreppe, doch obwohl ich mehr als einmal stehen blieb, um mich umzusehen, sah ich keine Spur des Kobolds. Ich dachte, er sei höchstwahrscheinlich irgendwo „auf der Lauer", und setzte meinen Weg fort, während ich eine Melodie aus „Die Geisha" pfiff, um seine Aufmerksamkeit zu erregen. Zehn Minuten oder mehr vergingen jedoch, ohne dass ich eine Spur von ihm sah, und ich war schon nahe an der Treppe, als ich plötzlich aufhörte zu pfeifen, den Atem anhielt und auf Zehenspitzen vorwärtsschlich.

Vor mir lag das alte Boot, und darin – ihre Wange auf einem purpurroten Kissen und die Sonne ließ ihr zerzaustes Haar glitzern – lag Lisbeth – und schlief.

Ich kam ihr so nahe, wie ich es wagte, aus Angst, sie zu wecken. Ich setzte mich hin, zündete meine Pfeife an und begann sie zu beobachten – den Schatten ihrer nach oben gebogenen Wimpern, das Glitzern ihrer Zähne zwischen dem Scharlachrot ihrer geöffneten Lippen und die sanfte Wölbung ihrer Brust. Und von den schweren Zöpfen ihres Haares wanderte mein Blick hinunter zu dem kleinen braunen Schuh, der unter ihrem Rock hervorlugte, und ich erinnerte mich an Goethes Worte:

„Ein schöner Fuß bereitet nicht nur immerwährende Freude, er ist auch das einzige Schönheitselement, das den Angriffen der Zeit trotzt."

Manchmal schwebte ein Schmetterling vorbei, erfüllte das Summen einer Biene die Luft oder ließ sich ein Vogel einen Augenblick auf der nahen Treppe nieder, um sein zerzaustes Federkleid zu putzen, während aus der Ferne leise und schläfrig das unaufhörliche Brüllen des Wehrs zu hören war.

Ich weiß nicht, wie lange ich so vollkommen zufrieden dasaß, als ich plötzlich durch ein Rascheln in meiner Nähe aufgeschreckt wurde.

" Hist !"

Ich blickte scharf auf und erblickte einen Kopf, einen mit verschiedenen Federn geschmückten Kopf und ein scheußlich mit roter und grüner Farbe verschmiertes Gesicht, aber die goldenen Locken waren unverkennbar – es war der Kobold!

„ Hist !", wiederholte er und brachte das Wort mit einem langgezogenen Zischen hervor, und dann - bevor ich seine Absicht auch nur erraten konnte - blitzte rasch ein Messer auf, die abgetrennte Fangleine spritzte auf, und von der Flut erfasst, schwang das alte Boot hinaus und trieb los.

Der Kobold stand da und betrachtete sein Werk mit großen Augen, und als ich dann aufsprang, schien ihn etwas in meinem Blick zu erschrecken, denn ohne ein Wort drehte er sich um und floh. Doch meine ganze Aufmerksamkeit galt dem Boot, das langsam in die Mitte des Flusses trieb, während Lisbeth noch fest schlief. Und während ich seiner trägen Fahrt zusah, erinnerte ich mich mit einem plötzlichen Schauder an das Wehr, das nur eine halbe Meile entfernt schäumte und toste. Wenn das Boot einmal hineingezogen wurde –!

Nun bin ich mir durchaus bewusst, dass es unter diesen Umständen das Richtige für mich gewesen wäre, meinen Mantel wegzuwerfen, meine Stiefel auszuziehen usw. und „mutig gegen die schäumende Flut anzutreten". Aber ich tat nichts von beidem, aus dem einfachen Grund, dass ich, sobald ich einmal in der oben erwähnten „schäumenden Flut" war, kaum eine Chance gehabt hätte, jemals wieder herauszukommen, denn – lassen Sie mich dies mit Schamröte gestehen – ich bin kein Schwimmer.

Doch ich war nicht untätig, ganz im Gegenteil. Nachdem ich die Entfernung zwischen dem treibenden Boot und dem Ufer abgeschätzt hatte, begann ich loszulaufen und suchte nach dem, was ich suchte. Und tatsächlich fand ich es bald - eine große, gekappte Eiche, die am Rande des Wassers wuchs, jener Baum mit den „herausstehenden" Zweigen, der in diesen Erzählungen bereits als Versteck eines bestimmten Paars Seidenstrümpfe auftauchte.

Ich schwang mich hastig hoch und setzte mich rittlings auf den untersten Ast, der über das Wasser hinausragte. Ich war einige hundert Meter vom Boot entfernt und beobachtete, wie es trieb, in einem Moment voller Hoffnung, im nächsten ebenso kläglich unsicher. Meine offensichtliche Absicht war, auf den Ast zu klettern, bis er sich unter meinem Gewicht bog, und mich so ins Boot zu setzen oder so nah wie möglich heranzukommen. Es war jetzt nah, so nah, dass ich Lisbeths Haar und die Spitze des kleinen braunen Schuhs sehen konnte. Mit den Augen darauf gerichtet, wand ich mich den Ast entlang, der sich immer mehr bog, je näher ich dem Ende kam. Hier hing ich, schwankte auf und ab und hin und her auf höchst unangenehme Weise, während ich auf den entscheidenden Moment wartete.

Auf dieser ganzen runden Erde kroch nie etwas so dahin wie dieses Boot. Es war eine majestätische Behutsamkeit in seiner Fortbewegung, die mich geradezu in den Wahnsinn trieb. Ich erinnere mich, einmal irgendwo einen Artikel über die „Sensibilität materieller Dinge" oder etwas in der Art gelesen zu haben, den ich längst vergessen hatte, aber als ich da zwischen Himmel und Erde schwebte, fiel er mir plötzlich wieder ein, und ich war vollkommen sicher, dass dieses alte, abgenutzte Boot, als es meine prekäre Lage erkannte , seine Geschwindigkeit aus „reiner Boshaftigkeit" drosselte.

Aber alles hat ein Ende, und so kroch der stumpfe Bug nach und nach näher, bis er genau im Schatten meines Baumes lag. Ich packte den Ast und ließ mich auf Armeslänge schwingen; und dann merkte ich, dass ich mindestens einen Fuß zu nahe am Ufer war. Ich schob mich also noch weiter den Ast entlang und trat in einem verzweifelten Versuch , das Boot zu erreichen, aus. Der Ast schwankte mit mir, verfing sich mit meinem Zeh zwischen der Bordwand, zog sie unter mich und als ich den Halt verlor , landete ich auf Händen und Knien, war aber sicher an Bord.

Es dauerte einen Augenblick, mich aufzurappeln, doch kaum hatte ich es getan, als Lisbeth die Augen öffnete, sich aufsetzte und um sich starrte.

„Warum – wo bin ich?", rief sie aus.

„Auf dem Fluss“, antwortete ich fröhlich. „Herrlicher Nachmittag, Lisbeth, nicht wahr?“

„Wie in aller Welt sind Sie hierher gekommen?“, erkundigte sie sich.

„Nun“, antwortete ich, „ich könnte sagen, ich bin sozusagen vorbeigekommen.“ Lisbeth strich sich das Haar aus den Schläfen und wandte sich mit einer herrischen Geste zu mir um.

„Dann bringen Sie mich bitte sofort zurück“, sagte sie.

„Das würde ich gern“, erwiderte ich, „aber Sie haben vergessen, die Ruder mitzubringen.“

„Warum treiben wir dann hilflos umher?“, sagte sie, starrte mich mit verängstigten Augen an und faltete nervös die Hände.

„Das tun wir“, nickte ich. „Aber es ist ja perfektes Wetter zum Bootfahren, Lisbeth!“ Und ich begann, mich nach etwas umzusehen, das als Paddel dienen könnte. Aber die Tragen waren schon lange verschwunden – die alte Wanne war sozusagen ein einziger Klotz. Ein Versuch, ein Bodenbrett herauszureißen, endete nur mit einem abgebrochenen Nagel und blutenden Fingern. Also gab ich es sofort auf, krempelte die Ärmel hoch und versuchte, mit den Händen zu paddeln. Aber da ich feststellte, dass dies ebenso sinnlos war, zog ich meinen Mantel wieder an und holte Pfeife und Tabak heraus.

„Oh, Dick! Kannst du denn nichts tun?“, fragte sie und versuchte tapfer, das Zittern in ihrer Stimme zu zügeln.

„Mit deiner Erlaubnis werde ich rauchen, Lisbeth.“

„Aber das Wehr!“ rief sie. „Hast du das Wehr vergessen?“

„Nein“, antwortete ich kopfschüttelnd. „Es hat die Angewohnheit, sich einem aufzudrängen –“

„Oh, es klingt abscheulich – abscheulich!“, sagte sie mit einem Schaudern.

„Wie ein starker Wind zwischen Bäumen!“ Ich nickte, während ich meine Pfeife stopfte. Wir näherten uns einem Teil des Flusses, der eine scharfe Biegung nach rechts macht; und ich wusste genau, was dahinter lag – die Reihe der weiß gestrichenen Pfosten mit dem Schaum und den Blasen des brodelnden Wassers darunter. Ich schätzte, dass wir diese Biegung in etwa zehn Minuten umrunden würden; lange vorher würden wir sicher ein Boot sehen; wenn nicht – nun, wenn das Schlimmste passierte, konnte ich nur mein Bestes tun; in der Zwischenzeit wollte ich eine Pfeife rauchen; aber ich muss zugeben, dass meine Finger zitterten, als ich ein Streichholz anzündete.

„Das klingt furchtbar nah!“, sagte Lisbeth.

„Der Klang ist sehr trügerisch, wissen Sie", antwortete ich.

„Erst letzten Monat ist ein Boot kentert und der Mann ertrunken!", schauderte Lisbeth.

„Armer Kerl!", sagte ich. „Natürlich ist es nachts anders – der Fluss ist dann schrecklich verlassen, wissen Sie, und –"

„Aber es geschah am helllichten Tag!", sagte Lisbeth fast flüsternd. Sie saß halb von mir abgewandt da, den Blick auf die Flussbiegung gerichtet, und zufällig hatte ihre rastlose Hand den abgetrennten Maler gefunden und begann, daran herumzufummeln.

So trieben wir weiter und beobachteten die gleitenden Ufer, während das Tosen des Wehrs mit jedem Augenblick lauter und bedrohlicher wurde.

„Dick", sagte sie plötzlich, „ohne Ruder kommen wir an dieser schrecklichen Stelle nie vorbei!" Und mit erbärmlich zitternden Fingern fing sie an, das Seil zu knoten.

„Oh, ich weiß nicht!", erwiderte ich mit einer gespielten Leichtigkeit, die ich alles andere als empfand. „Und dann werden wir natürlich auf ein Boot oder so etwas treffen –"

„Aber was wäre, wenn wir das nicht tun?"

„Oh, also, so weit sind wir noch nicht – und ähm – reden wir über Fische."

„Ach, Dick", rief sie, „wie kannst du die Sache so leicht nehmen, wenn wir doch schon bald in diesem schrecklichen Wasser untergehen werden! Wir können dieses Wehr niemals ohne Ruder passieren, und das weißt du, und – und – oh, Dick, warum hast du das getan – wie konntest du nur so verrückt sein?"

„Was tun?", fragte ich und starrte.

Mit einer plötzlichen Geste erhob sie sich auf die Knie und stellte sich vor mich.

„Das!" rief sie und hielt den abgetrennten Maler hoch. „Es ist zerschnitten ! Oh, Dick! Dick! Wie konntest du nur so wütend sein?"

„Lisbeth!" rief ich aus, „ willst du damit sagen, dass du denkst –"

„Ich weiß!", unterbrach sie mich, wandte sich ab und verbarg ihr Gesicht in den Händen. Wir waren jetzt nicht mehr weit von der Biegung entfernt, und als ich das sah, überkam mich plötzlich eine Eingebung, mit der ich ihr ein für alle Mal beweisen konnte, was sie mir zugetan hatte. Und als sie mit abgewandtem Gesicht vor mir kniete, beugte ich mich vor und nahm ihre Hände in meine.

„Lisbeth", sagte ich, „angenommen, ich würde das Boot wie ein – ein Narr losschneiden und Ihr Leben für eine verrückte, gedankenlose Laune aufs Spiel setzen – könnten Sie mir verzeihen?"

Einen langen Moment schwieg sie, dann hob sie ganz langsam den Kopf:

„Oh, Dick!" war alles, was sie sagte, aber in ihren Augen las ich das Wunder aller Wunder.

„Aber, Lisbeth", stammelte ich, „könntest Du mich noch lieben – selbst – selbst wenn durch meine Torheit das Schlimmste eintreten sollte und wir – wir –"

„Ich glaube nicht, dass ich so große Angst haben werde, Dick, wenn du mich so festhältst", flüsterte sie.

Das Rauschen des Wehrs war mittlerweile zu einem Brüllen angeschwollen, doch ich schenkte ihm wenig Beachtung; alle Furcht war in einem großen, staunenden Glücksgefühl verschluckt worden.

„Dick", flüsterte sie, „du wirst mich festhalten, du wirst mich nicht loslassen, wenn – wenn –"

„Niemals", antwortete ich, „nichts kann dich mir jetzt mehr nehmen." Während ich sprach, hob ich den Blick, und als ich um mich blickte, sah ich etwas, das die ganze Lage veränderte – etwas, das eine Tragödie augenblicklich in eine Komödie verwandelte – ein Boot kam langsam um die Biegung.

„Lisbeth, schau auf!" Mit einem Seufzer gehorchte sie, ihre Umarmung schloss sich um meine und eine furchtbare Erwartung lag in ihren Augen. Dann war sie plötzlich verschwunden, ihre blassen Wangen wurden plötzlich scharlachrot und sie glitt aus meinen Armen; und danach bemerkte ich, wie sehr sorgfältig sie meinen Blick mied.

Das Boot kam langsam in Sicht, angetrieben von einem, der mit genau dem Spritzgeräusch ruderte, das für einen echten Cockney spricht. Mit viel Kraftanstrengung und noch mehr Spritzgeräuschen kam er bald neben mir an und antwortete auf meinen Ruf.

„ Dann war es doch ein Zufall ?", fragte er.

„So etwas in der Art", nickte ich. „Wären Sie so freundlich, uns dort zum Ufer zu schleppen?"

„ Kannst du nicht trauen ? ", grinste er, und nachdem er die Fangleine festgemacht hatte, machte er sich daran, uns auf festen Boden zu spritzen. Als das erledigt war, grinste er wieder, schwenkte seinen Hut und spritzte weiter. Ich machte das Boot fest und wandte mich an Lisbeth. Sie starrte in Richtung des Wehrs.

„Lisbeth", begann ich.

„Ich dachte gerade, dass – dass es das Ende wäre!", sagte sie und schauderte.

„Und in solchen Momenten", fügte ich hinzu, „sagt man manchmal Dinge, die man unter normalen Umständen nicht gesagt hätte. Meine Liebe, ich verstehe das vollkommen, vollkommen, und ich werde versuchen, es zu vergessen – du brauchst keine Angst zu haben."

„Glaubst du, dass du das kannst?", fragte sie und drehte sich um, um mich anzusehen.

„Ich kann es nur versuchen", antwortete ich. Während ich sprach, war ich mir nicht sicher, aber ich glaubte, den blassen Schatten des Grübchens neben ihrem Mund zu sehen.

Wir gingen nebeneinander den Flussweg zurück, die meiste Zeit sehr schweigend, doch mehr als einmal ertappte ich sie dabei, wie sie mich verstohlen und mit verwirrter Miene ansah.

„Und?", sagte ich schließlich zögernd.

„Ich habe mich gefragt, warum du das getan hast, Dick? Oh, es war gemein! Grausam ! Böse ! Wie konntest du nur?"

„Na ja" – und ich zuckte mit den Schultern, während ich den Kobold in Gedanken mit dem Fluch belegte .

„Wenn ich nicht bemerkt hätte, dass das Seil frisch durchgeschnitten war, hätte ich gedacht, es sei ein Unfall gewesen", fuhr sie fort.

„Natürlich!", sagte ich.

„Und dann, wiederum, wie sind Sie in das Boot gekommen ?"

„Natürlich!", nickte ich.

„Dennoch kann ich kaum glauben, dass Sie vorsätzlich unser beider Leben – mein Leben – aufs Spiel setzen würden!"

„Ein Mann, der so etwas tun würde", rief ich, von der Hitze des Augenblicks mitgerissen, „wäre ein – ein –"

„Ja", sagte Lisbeth schnell, „das würde er."

„– Und völlig jenseits aller Vergebung!"

„Ja", sagte Lisbeth, „natürlich."

„Und“, begann ich erneut, doch als ich ihrem forschenden Blick begegnete, hielt ich inne. „Und du hast mir vergeben, Lisbeth“, schloss ich.

„Habe ich das?“, sagte sie mit hochgezogenen Augenbrauen.

„Hast du nicht?“

„Nicht, dass ich mich erinnern könnte.“

"Im Boot?"

„Das habe ich nie gesagt?“

„Vielleicht nicht in Worten, aber das hast du angedeutet.“ Lisbeth hatte den Anstand zu erröten.

„Verstehe ich, dass mir doch nicht vergeben ist?“

„Nicht, bis ich weiß, warum Sie solch einen verrückten, gedankenlosen Streich gespielt haben“, antwortete sie mit dem entschlossenen Kinnbiss, den ich so gut kannte.

Dass ich so die Verantwortung für die Missetaten des Kobolds übernehmen sollte, war lächerlich und falsch, da es ungerecht war, denn wenn je ein Junge eine Strafe verdiente, dann war es der Kobold. Und doch, wahrscheinlich weil er der Kobold war oder wegen jener Schuljungenehre, die das „Schleichen“ verbietet und die ich noch immer in mir trug, schwieg ich; als Lisbeth das sah, drehte sie sich um und verließ mich.

Ich stand da, wo ich war, mit gesenktem Kopf in einer Haltung, die Unschuld, zerbrochene Hoffnungen und sanfte Resignation ausdrückte, aber vergebens; sie sah kein einziges Mal zurück. Obwohl ich ein Märtyrer war, erfüllte mich das Wissen, dass ich mich auf dem Altar der Freundschaft geopfert hatte, mit einem Gefühl bewusster Tugend, das mir nicht unangenehm war. Da ich jedoch erkannte, dass ich letztlich nur ein Mensch bin, setzte ich mich hin, stopfte meine Pfeife nach und verfluchte den Kobold erneut.

" Hist !"

Eine kleine Gestalt flatterte hinter einem nahe gelegenen Baum hervor und siehe da! Das Objekt meiner Gedanken stand vor mir.

Kobold, ich sagte: „Komm her.“ Er gehorchte bereitwillig. „Als du das Seil durchgeschnitten und deine Tante Lisbeth freigelassen hast, hast du dich nicht an den Mann erinnert, der letzten Monat im Wehr ertrunken ist, oder?“

„Nein!“, antwortete er und starrte.

„Natürlich nicht“, nickte ich. „Aber es ist doch nicht deine Schuld, dass deine Tante Lisbeth nicht ertrunken ist – so wie er.“

„Oh!“, rief der Kobold und sein geliebter Bogen glitt aus seinen kraftlosen Fingern.

„Imp“, fuhr ich fort, „es war gemein, das Seil durchzuschneiden, ein gemeiner, grausamer Streich, findest du nicht?“

„Das waren die Flecken, Onkel Dick.“

„Meinen Sie nicht, dass Sie bestraft werden sollten?“ Er nickte. „Also gut“, antwortete ich, „ich werde Sie selbst bestrafen. Gehen Sie und schneiden Sie mir eine schöne, gerade Rute“, und ich reichte ihm mein offenes Taschenmesser. Mit großen Augen gehorchte der Kobold, und eine Weile lang war ein gewaltiges Knacken und Brechen von Stöcken zu hören. Kurz darauf kam er mit drei zurück, auch die Klinge meines Messers war zerbrochen, wofür er sich überschwänglich entschuldigte.

„Jetzt“, sagte ich und wählte die für diesen Zweck am besten geeignete Waffe aus, „werde ich Ihnen mit diesem Stock hart auf beide Hände schlagen, wenn Sie meinen, dass Sie das verdienen.“

„Wäre Tante Lisbeth fast ertrunken – wirklich?“, erkundigte er sich.

„Beinahe, und nur ein Zufall hätte mich gerettet.“

„Na gut, Onkel Dick, schlag mich“, sagte er und streckte die Hand aus. Der Stock sauste und fiel – einmal – zweimal. Ich sah, wie sein Gesicht rot wurde und Tränen in seine Augen schossen, aber er gab keinen Laut von sich.

„Hat es sehr wehgetan, mein Kobold?“, fragte ich und warf den Stock beiseite. Er nickte, da er sich nicht traute zu sprechen, während ich mich umdrehte, um meine Pfeife anzuzünden, und dabei drei Streichhölzer völlig erfolglos verschwendete.

„Onkel Dick“, platzte es schließlich aus ihm heraus, während er tapfer gegen sein Schluchzen ankämpfte, „mir – mir geht es furchtbar – tut mir leid –“

„Oh, es ist alles in Ordnung, Kobold. Gib mir die Hand!“ Freudig umklammerten die kleinen, schmutzigen Finger meine, und von diesem Moment an, glaube ich, entstand zwischen uns ein neues Verständnis.

„Aber, Kobold, mein Liebling, du weinst ja!“, rief eine Stimme, und mit raschelnden Röcken fiel Lisbeth vor ihm auf die Knie.

„Ich weiß, dass ich das bin – denn es tut mir furchtbar leid – und Onkel Dick hat mir auf die Finger gehauen – und ich bin froh darüber!“

„Dir auf die Hände geschlagen?“, rief Lisbeth, drückte ihn fester an sich und starrte mich wütend an. „Dir auf die Hände geschlagen – wie kann er es wagen? Wozu?“

„ Weil ich das Seil durchgeschnitten und das Boot mit dir wegfahren ließ, und du hättest im Wehr ertränkt werden können, und ich bin furchtbar froh, dass Onkel Dick mich ausgepeitscht hat."

„Ohh!", rief Lisbeth, und es war tatsächlich ein sehr langgezogenes „Oh!".

„Ich weiß nicht, was mich dazu gebracht hat", fuhr der Kobold fort. „Ich glaube, es war mein neues Messer – es war so schön und scharf, wissen Sie."

„Nun, jetzt ist alles in Ordnung, mein Kobold", sagte ich und tastete auf merkwürdig unbeholfene Weise nach einem Streichholz. „Wenn du mich fragst, denke ich, dass wir alle bessere Freunde sind als je zuvor – oder es zumindest sein sollten. Ich weiß, ich würde deine Tante Lisbeth noch mehr lieben als zuvor und mich mehr um sie kümmern, wenn ich du wäre. Und – und jetzt nimm sie zum Tee mit, mein Kobold, und – und sorge dafür, dass sie genug zu essen hat", und ich hob meinen Hut und wandte mich ab. Aber Lisbeth war neben mir und ihre Hand lag auf meinem Arm, bevor ich einen Meter gegangen war.

„Wir trinken Tee am gleichen alten Ort – unter den Bäumen. Wenn Sie Lust hätten – würden Sie – würden Sie?"

„Ja, tu das – oh, tu das, Onkel Dick!", rief der Kobold. „Ich gehe und sage Jane, dass sie einen Platz für dich bereiten soll", und er sprang davon.

„Ich habe ihn nicht sehr hart geschlagen", sagte ich und brach damit ein etwas verlegenes Schweigen. „Aber wissen Sie, es gibt Dinge, die ein Gentleman nicht tun kann. Ich glaube, jetzt versteht er es."

„Oh, Dick!", sagte sie sehr leise. „Und ich könnte mir vorstellen, dass du so etwas getan hast – du. Und du hast mich glauben lassen, dass du so etwas getan hast – und das alles, um diesen Kobold zu beschützen? Oh, Dick! Kein Wunder, dass er dich so gern hat. Er spricht nie von jemand anderem als von dir. Manchmal werde ich ganz eifersüchtig. Aber, Dick, wie bist du in dieses Boot gekommen?"

„Mithilfe eines Baumes mit herausstehenden Ästen."

"Wolltest du sagen- "

„Dass ich, wie ich Ihnen bereits sagte, sozusagen vorbeigekommen bin."

„Aber angenommen, Sie wären ausgerutscht?"

„Aber das habe ich nicht."

„Und du kannst keinen einzigen Schwimmzug machen!"

"Nicht, dass ich davon Wüste."

„Oh, Dick! Kannst du mir jemals verzeihen?"

„Unter drei Bedingungen.“

"Also?"

„Erstens, dass du mich an alles erinnern lässt, was du zu mir gesagt hast, während wir zum Fluss hinuntertrieben.“

„Das kommt darauf an, Dick. Und der zweite?“

„Der zweite Grund liegt in der Tatsache, dass nicht weit vom Dorf Down in Kent ein altes Haus steht – ein malerischer alter Ort, der dringend jemanden braucht , der darin lebt – ein altes Haus, das sich nach der süßen Gegenwart und den sanften, fleißigen Händen einer Frau sehnt, Lisbeth!“

„Und der dritte?“, fragte sie sehr leise.

„Das können Sie doch sicher erraten?“

„Nein, das kann ich nicht, und außerdem kommt Dorothy – und – oh, Dick!“

„Aber, Tante“, rief Dorothy, als sie näher kam, „wie rot du bist! Ich wusste, dass du einen Sonnenbrand bekommen würdest, wenn du in diesem alten Boot ohne Sonnenschirm liegst! Aber sie wird es tun, Onkel Dick – oh, sie wird es tun!“

VI
DER GESETZLOSE

Jeder kannte den alten Jasper Trent, den Krim-Veteranen, der geholfen hatte, die „ Roosianer und Proosianer " zu besiegen, und der, so ging das Gerücht, mehr Wunden an seinem abgenutzten, gebeugten Körper hatte, als das Jahr Monate hat.

Das ganze Dorf war stolz auf den alten Jasper, stolz auf sein Alter, stolz auf seine Wunden und stolz auf die Medaillen, die auf seiner geschrumpften Brust leuchteten.

An jedem Tag konnte man ihn humpelnd am Fluss entlang oder zwischen den Blumen in seinem kleinen Garten herumwerkeln sehen, doch häufiger saß er noch auf der Bank in der Sonne neben der Tür der „Drei lustigen Angler".

Tatsächlich bildeten sie ein passendes Paar, der abgekämpfte alte Soldat und das alte Gasthaus, beide waren weit hinter der Zeit zurückgeblieben und träumten eher von der Vergangenheit als von der Zukunft, was mir wie eine unsichtbare Verbindung zwischen ihnen vorkam. Als der alte Jasper krank wurde und sein Bett gegenüber dem Fenster aufstellen ließ, wo er liegen und den Blick auf die ramponierten Giebel des Gasthauses richten konnte, konnte ich den Grund verstehen.

„The Three Jolly Anglers" ist in der Tat uralt, seine frühen Aufzeichnungen sind längst im Staub der Jahrhunderte verloren gegangen; doch die Jahre haben nur dazu beigetragen, es zu glätten. Menschen haben gelebt und sind gestorben, Nationen sind auf- und untergegangen, und noch immer steht es unverändert am Flussufer und beobachtet die Große Tragödie, die wir „Leben" nennen, mit demselben Blick höchster Weisheit, dieser halb schelmischen, halb freundlichen Miene, die ich bereits einmal erwähnt habe.

Ich glaube, dass Gasthöfe wie dieser einen gewissen Einfluss auf diejenigen haben müssen, die sich regelmäßig in ihren Mauern treffen – diese Söhne der Erde, mit schwieligen Händen, meist grauem Kopf und gebeugtem Rücken, der dem Pflug zu oft folgt. Sie haben eine ruhige Stimme und eine zutiefst gesetzte Geste, während auf ihren gerunzelten Stirnen jener Geist ruhiger Zufriedenheit ruht, den nur wenige von uns kennen.

Der wichtigste unter ihnen, der viel Respekt genoss, war der alte Jasper Trent. In ihrem Kreis saß er gewöhnlich in seinem Sessel neben dem Kamin, der ihm seit langem gehörte und den man nicht verdrängen durfte; und während der Rauch langsam aus ihren Pfeifenköpfen aufstieg und das Bier in den Krügen neben ihnen schäumte, erzählte er eine Geschichte von Schlachten und plötzlichem Tod – mal in den eiskalten Schützengräben vor Sebastopol, mal auf den blutbefleckten Höhen von Inkermann . Doch, und ich bemerkte, dass der alte Mann immer gegen Ende seines zweiten Krugs den Faden seiner Geschichte verlor, was auch immer es sein mochte, und das Thema „The Bye Jarge " aufgriff .

Ich war natürlich zunächst verblüfft, wen er meinen könnte, bis mir Mr. Amos Baggett, der Wirt, in aller Stille mitteilte, dass der „Bye Jarge " niemand anderes als der einzige Sohn des alten Jasper sei – ein Mann, der jetzt etwa vierzig Jahre alt ist –, der, obwohl er in seiner Jugend vielversprechend gewesen sei, „auf die schiefe Bahn geraten" sei und derzeit eine langjährige Haftstrafe wegen Einbruchs verbüße; außerdem habe der alte Jasper am Tag der Verurteilung seines Sohnes einen „Schlaganfall" erlitten und sei danach nie mehr derselbe gewesen, da jede Erinnerung an das Ereignis vollständig aus seinem Gedächtnis gelöscht sei, sodass er weiterhin an seinen Sohn dachte und von ihm sprach, als sei er noch ein Junge gewesen.

"Das war ein Wunder!", sagte er und sah sich mit funkelnden Augen um. "Er ist weggegangen, um sein Glück zu machen – oh ! Das war eine Klasse , Jarge ! Du, Amos Baggett, warst eine Klasse oder warst du es nicht."

„Das waren sie!", antwortete Mr. Baggett mit einem langsamen Nicken.

„ Sehen Sie , Sir, sehen Sie die Uhr da ?" – und er zeigte mit einem knochigen, zitternden Finger – „sie war stehengeblieben – irgendetwas stimmte mit ihrem Innenleben nicht – sie wollte keinen Finger rühren – sie war tot! Aber dieser kleine Jarge hat sie gesehen – er hat sie sich genauer angesehen und sie mit nur zwei Sekunden wieder in Gang gesetzt wie immer : Sie, Silas Madden, erinnern Sie sich, wie er es mit zwei Sekunden gemacht hat?"

„„Ist zwei'unds!", wiederholte Silas feierlich.

"Und seitdem ist es weg!" krächzte der alte Jasper triumphierend. "Oh ! Er wäre ein Mensch , wenn er mein Abschiedsbrief wäre, Jarge . Eines Tages wird er zu seinem alten Vater zurückmarschieren , mit Taschen voller Geld und Banknoten – ich weiß – ich weiß , der alte Jasper war kein Vollidiot ."

Und dann erhob er seine alte, brüchige Stimme und stimmte „The British Grenadiers" an, in das die anderen sofort kräftig einstimmten und im Gleichklang ihre langstieligen Pfeifen schwangen.

So saß der alte Kerl da und sang das Loblied auf seinen Taugenichtssohn, während seine Zuhörer ernst nickten und Jaspers unschuldigen Wahn nur wegen seiner weißen Haare und der Medaillen auf seiner Brust nährten.

Aber jetzt litt er an „Rheuma", und nach dem, was Lisbeth mir erzählte, als ich sie auf dem Weg zu und von seinem Cottage traf, war es mehr als wahrscheinlich, dass der hochlehnige Sessel ihn nicht mehr kennen würde. Nach der Krankheit des alten Kerls hatte Lisbeth sich sofort darum gekümmert, dass es ihm gut ging, denn Jasper war ein einsamer alter Mann – sie hatte ihm eine kompetente Krankenschwester zur Seite gestellt und es sich zur Gewohnheit gemacht, morgens und abends hinzugehen und nachzusehen, ob alles in Ordnung war. Aus diesem Grund saß ich eines bestimmten Abends gegen neun Uhr auf dem Shrubbery-Tor, ließ meine Beine baumeln und lauschte auf das Geräusch ihrer Schritte auf dem Weg. Als die Zeit gekommen war, kam sie, und ich stand von meinem Sitz auf und nahm ihr wie üblich den schweren Korb aus dem Arm.

„Dick", sagte sie, als wir nebeneinander weitergingen, „ich mache mir wirklich große Sorgen um diesen Kobold."

„Was hat er dieses Mal vor?", fragte ich.

„Ich fürchte, er muss krank sein."

„Er sah gestern alles andere als krank aus", antwortete ich beruhigend.

„Ja, ich weiß, er sieht ziemlich gesund aus", sagte Lisbeth und runzelte die Stirn. „Aber in letzter Zeit hat er einen so enormen Appetit entwickelt. Oh, Dick, es ist furchtbar!"

„Mein armes Mädchen", erwiderte ich kopfschüttelnd, „die Gattung ‚Junge' zeichnet sich durch zwei Merkmale aus: Schmutz und Appetit. Das solltest du inzwischen wissen. Ich selbst habe erschütternde Erinnerungen an riesige Stapel Brot und Butter, an riesige Kuchenstücke – feucht und ‚matschig' und von mysteriöser Farbe – an klebrige Mischungen, die angeblich ‚Kieferkleie' waren, und von denen ein Zoll garantiert zehn Minuten lang kein zusammenhängendes Sprechen zuließ. Und dann die Freude, im Schatten der Speisekammer wild Dinge hinunterzuschlingen, mit den Ohren nach Feinden Ausschau haltend! Manchmal seufze ich bei dieser Erinnerung, sogar in diesen Tagen. Mach dir keine Sorgen um den Appetit des Kobolds; glaub mir, das ist völlig unnötig."

„Oh, aber ich kann nichts dagegen tun", sagte Lisbeth; „es kommt mir irgendwie so – so seltsam vor. Heute Morgen zum Beispiel hatte er zum Frühstück zuerst seinen üblichen Haferbrei, dann fünf Scheiben Brot und Butter und danach eine große Scheibe Schinken – ein ziemlich großes Stück, Dick! Und er hat alles so schnell aufgegessen. Ich drehte mich um, um Jane nach dem Toast zu fragen, und als ich wieder auf seinen Teller sah, war er leer, er hatte alles aufgegessen und sogar noch mehr verlangt. Natürlich lehnte ich ab, also versuchte er, Dorothy dazu zu bringen, ihm ihren zu geben, im Tausch gegen ein kaputtes Taschenmesser. Beim Abendessen war es genauso. Er aß die ganze Keule eines Huhns und danach einen Flügel und dann etwas von der Brust und hätte bestimmt weitergemacht, bis er alles aufgegessen hätte, wenn ich ihn nicht aufgehalten hätte, obwohl ich ihn so lange essen ließ, wie ich es wagte. Dann beim Tee aß er sechs Scheiben Brot und Butter, eine nach der anderen, Toast und Kuchen nicht mitgerechnet. So ist er seit zwei Tagen – und – oh ja, die Köchin hat mir heute Abend erzählt, dass sie ihn tatsächlich dabei erwischt hat, wie er trockenes Brot aß, kurz bevor er er ging zu Bett. Trockenes Brot – denk mal darüber nach! Oh, Dick, was kann mit ihm los sein?"

„Das klingt wirklich geheimnisvoll", antwortete ich, „vor allem was das trockene Brot betrifft. Aber das allein legt eine Theorie nahe, die ich, wie der Detektiv in der Geschichte sagt, noch nicht preisgeben werde. Aber mach dir keine Sorgen, Lisbeth, dem Kobold geht es gut."

Als sie nun bei Jaspers Hütte angekommen waren, die etwas abseits vom Dorf in einer Seitenstraße steht, blieb Lisbeth stehen und streckte ihre Hand nach dem Korb aus.

„Warte heute Abend nicht auf mich", sagte sie. „Ich habe Peter befohlen, mich mit dem Dogcart abzuholen. Ich komme vielleicht zu spät."

„Ist der alte Junge so schwer krank?"

„Sehr, sehr krank, Dick."

„Der arme alte Jasper!", rief ich.

„Armer alter Jasper!", seufzte sie und ihre Augen waren voller Zärtlichkeit.

„Er ist sehr alt und gebrechlich", sagte ich und zog sie an sich, unter dem Vorwand , ihr den Korb zu reichen. „Und doch könnte ich mir mit deiner sanften Hand, mit der du mein Kissen glattstreichst, und deinen Augen, mit denen du in meine schaust, fast wünschen –"

„Psst, Dick!"

„Peter oder nicht, Peter, ich glaube, ich werde warten – es sei denn, du möchtest wirklich, dass ich jetzt ‚Gute Nacht' sage?" Doch mit einer geschickten Wendung wich sie mir aus, winkte mit der Hand und eilte den rosengesäumten Weg hinauf.

Eine Stunde, oder sogar zwei, erscheinen nicht sehr lang, wenn der Kopf so voller glücklicher Gedanken ist wie meiner. Ich stopfte also meine Pfeife und sah mich nachdenklich nach einem geeigneten Ort um, an dem ich meine Nachtwache halten konnte, als ich ganz in der Nähe ein Rascheln vernahm und während ich hinsah, trat eine kleine Gestalt aus dem Schatten der Hecke ins Mondlicht.

„Hallo, Onkel Dick!", sagte eine Stimme.

„Kobold!", rief ich, „ was soll das heißen? Du hättest schon vor über einer Stunde im Bett sein sollen!"

„Das war ich", antwortete er mit seinem arglosen Lächeln. „Nur bin ich wieder aufgestanden, wissen Sie."

„So scheint es!" Ich nickte.

„Und ich bin dir und Tante Lisbeth auch den ganzen Weg gefolgt."

„Aber hast du das? Bei George!"

„Ja, und ich habe eines der Pakete fallen lassen und eine Wurst verloren, aber das hast du nie gehört."

„Eine Wurst verloren!", wiederholte ich und starrte.

„Oh, es ist alles in Ordnung, wissen Sie", versicherte er mir schnell. „Ich habe es wiedergefunden, und es war kein bisschen beschädigt."

„Kobold", sagte ich streng, „komm her, ich möchte mit dir reden."

„Einen Moment, Onkel Dick, ich hole meine Pakete. Bitte hilf mir, sie zu tragen", und mit diesen Worten tauchte er unter der Hecke ab, um einen Moment später mit den Armen voller unhandlicher Pakete wieder aufzutauchen, die er in einer Reihe vor meine Füße legte.

„Warum, was in aller Welt hast du da, Kobold?"

„Das hier", sagte er und zeigte auf das erste, „ist Marmelade und Schinken und ein Stück Brot; das nächste hier sind Kuchen und Sardinen und das hier ist Brot und Butter, die ich von meinem Tee aufgehoben habe."

„Eine ziemliche Sammlung!" Ich nickte. „Erzählen Sie mir doch, was Sie damit vorhaben."

„Nun, sie sind für meinen Gesetzlosen. Erinnerst du dich, dass ich neulich Gesetzlosen spielen wollte? Nun, vor zwei Tagen, als ich mit meinem treuen Pfeil und Bogen einen Schurken durch den Wald verfolgte, fand ich im alten Bootshaus einen echten Gesetzlosen."

„Ah! Und wie ist er?", fragte ich.

„Oh, genau wie ein Gesetzloser – nur komisch, wissen Sie, und ‚furchtbar‘ hungrig. Sind alle Gesetzlosen immer so hungrig, Onkel Dick?"

„Ich glaube, das sind sie im Allgemeinen, Imp. Und er sieht ‚komisch‘ aus, sagst du?"

„Ja, ich meine, seine Kleider sind komisch – überall Flecken wie kleine Kreuze, nur dass es keine Kreuze sind."

„So?", fragte ich, nahm ein Stück Stock und zeichnete einen breiten Pfeil auf den Weg.

„Ja, genau so!", rief der Kobold erstaunt. „Woher wusstest du das? Du bist furchtbar schlau, Onkel Dick!"

„Und er ist im alten Bootshaus, oder?", sagte ich und nahm einen Arm voll Pakete auf. „Geh voran, MacDuff!'"

„Pass bitte auf das Paket auf, Onkel Dick. Es ist das, das ich fallen gelassen habe und aus dem die Wurst herausgefallen ist. Jetzt versucht eines davon zu entkommen!"

Nachdem wir der widerspenstigen Wurst ein angemessenes Gefühl für Recht und Ordnung beigebracht hatten, gingen wir weiter in Richtung des alten Bootshauses – ein trostloses, heruntergekommenes Gebäude, etwa eine halbe Meile flussabwärts.

„Und was für ein Kerl ist Ihr Gesetzloser, Imp?"

„Nun, ich hatte gedacht , er wäre furchtbar wild und würde mich festhalten und Lösegeld erpressen wollen, aber das tat er nicht. Für einen Gesetzlosen ist er ganz ruhig, hat graue Haare und große Augen und isst furchtbar viel."

„Du hast ihm also dein Frühstück und Abendessen gerettet, oder?"

„Oh ja, und meinen Tee auch. Tante Lisbeth wurde furchtbar wütend , weil sie sagte, ich hätte zu schnell gegessen; und Dorothy hatte Angst und wollte nicht neben mir sitzen, weil sie befürchtete, ich würde platzen – so furchtbar dumm von ihr!"

„Übrigens, Sie haben mir nicht erzählt, was Sie da haben", sagte ich und deutete auf ein riesiges, unförmiges Zeitungspaket, das er unter dem Arm trug.

„Oh, es ist ein Hemd, ein Mantel und eine Hose von Peter."

„Hat Peter sie dir gegeben?"

„Natürlich nicht, ich habe sie mitgenommen. Wissen Sie, mein Gesetzloser hatte es satt, ein Gesetzloser zu sein, also bat er mich, ihm ein paar ‚Togs‘, also Kleidung, zu besorgen, wissen Sie, also ging ich hin und schaute im Stall nach und fand diese hier."

„Du willst doch nicht etwa sagen, dass du sie gestohlen hast, Kobold?"

„Natürlich nicht!", antwortete er vorwurfsvoll. „Ich habe Peter sechs Pence dagelassen und eine Nachricht, dass ich ihm dafür zahlen werde, wenn ich mein Taschengeld bekomme, so wahr mir Gott helfe, Sam!"

„Ah, natürlich!" Ich nickte. Wir waren jetzt in der Nähe des alten Bootshauses, und auf die inständigen Bitten des Kobolds hin gab ich meine Bündel ab und versteckte mich hinter einem Baum, denn, wie er meinte,

„sein Gesetzloser möchte vielleicht nicht, dass ich ihn gleich am Anfang sehe."

in der Nähe ausgebreitet hatte , näherte sich der Kobold dem zerstörten Gebäude unter größter Vorsicht und klopfte dreimal laut und doppelt. Als ich mich umsah, entdeckte ich einen kurzen, schweren Stock, hob ihn auf und hielt ihn in der Hand, bereit für den Fall möglicher Zwischenfälle.

Ich muss gestehen, dass die Situation ausgesprochen unangenehm war, denn ich erwartete nichts anderes, als in den nächsten paar Minuten in einen verzweifelten Nahkampf verwickelt zu werden. Daher wartete ich einigermaßen gespannt, hielt den Blick angestrengt in die Schatten gerichtet und umklammerte mit den Fingern meine Keule.

Dann sah ich plötzlich eine geisterhafte und undefinierbare Gestalt aus der Dunkelheit des Bootshauses huschen, und im nächsten Moment stand ein Sträfling neben dem Kobold, hager und groß und wild im Mondlicht. Seine scheußlichen Kleider, befleckt mit Schlamm und dem grünen Schleim seiner Verstecke, hingen in Lumpen an ihm, und seine Augen, tief eingesunken in seinem bleichen Gesicht, schimmerten mit unnatürlicher Helligkeit, als er rasch um sich blickte – ein elendes, gehetztes Geschöpf, von Müdigkeit gezeichnet und von Not und Leiden gequält.

sie bekommen , Junge?", fragte er mit heiserer, krächzender Stimme.

„Ja, ja, Kamerad", erwiderte der Kobold, „alles ist gut!"

„Darauf sei Dank, Junge!", rief er aus, und mit diesen Worten stürzte er sich auf das Essen und verschlang mit furchtbarer Gier jeden Bissen, der ihm gereicht wurde, während seine brennenden, ruhelosen Augen ihn starrten und keinen Augenblick stillhielten.

Als ich nun seinen ausgezehrten Körper und seine zitternden Glieder bemerkte, wusste ich, dass ich ihn mit einer Hand besiegen konnte. Meine Waffe glitt aus meinem lockeren Griff, doch bei dem Geräusch, so leise es auch war, drehte er sich um und begann zu rennen. Er war jedoch noch keine fünf Meter weit gekommen, als er stolperte und hinfiel, und bevor er aufstehen konnte, stand ich über ihm. Er lag da zu meinen Füßen, vollkommen reglos, und blinzelte mich mit rotgeränderten Augen an.

„Na gut, Meister", sagte er schließlich, „Sie haben mich erwischt!" Doch mit diesen Worten rollte er sich plötzlich in Richtung Fluss, doch als er mühsam auf die Knie kam, drückte ich ihn wieder nieder.

„Oh, Sir! Sie werden mich ihnen nicht ausliefern?", keuchte er. „Ich habe Ihnen nie Unrecht getan. Um Gottes Willen, schicken Sie mich nicht wieder dorthin zurück, Sir."

„Natürlich nicht", rief der Kobold und legte seine Hand auf meinen Arm. „Das ist nur Onkel Dick. Er wird dir nichts tun, oder, Onkel Dick?"

„Das kommt darauf an", antwortete ich und hielt den zerfetzten Mantelkragen fest. „Sag mir, was bringt dich dazu, hier rumzuhängen?"

„Ich habe früher hier oben gelebt, Meister."

"Wer bist du?"

„Sträfling 49, der vor über einer Woche aus dem Gefängnis ausgebrochen ist und gestorben wäre, wenn der Kleine dort nicht gewesen wäre", und er nickte in Richtung des Kobolds.

Der Verurteilte war, wie gesagt, ein großer, dünner Kerl mit einem leichenhaften, von Leiden gezeichneten Gesicht und einem Haar, das an seinen Schläfen vorzeitig weiß geworden war. Und als ich ihn ansah, kam mir der Gedanke, dass das Leiden, das ihn so tief gezeichnet hatte, nicht nur die gröbere Qual des Körpers war. Für unseren Verbrecher, der noch moralisch fühlen kann, gibt es nun sicher Hoffnung. Ich denke jedenfalls! Einen langen Moment herrschte Stille, während ich in das hagere Gesicht unter mir starrte und der Kobold völlig ratlos von einem zum anderen von uns blickte.

„Ich frage mich, ob Sie jemals vom ‚Tschüss, Jarge‘ gehört haben", sagte ich plötzlich.

Der Sträfling zuckte so heftig zusammen, dass mir die Jacke in der Hand riss.

„Woher – woher wusstest du das –?", keuchte er und starrte mich mit offenem Mund an.

„Ich glaube, ich kenne deinen Vater."

„Mein Vater ", murmelte er, „der alte Jasper – also ist er nicht tot?"

„Noch nicht", antwortete ich. „Komm, steh auf, ich erzähle dir mehr, während du isst." Er gehorchte mechanisch und saß da, seine glühenden Augen starrten mich an, während ich ihm von Jaspers Gedächtnisverlust und seiner gegenwärtigen Krankheit erzählte.

„Dann wissen Sie nicht, dass ich ein Dieb und Sträfling bin, Herr?"

„Nein, er denkt und spricht immer von Ihnen als von einem Jungen und einem vorbildlichen Sohn."

Der Mann stieß einen seltsamen Schrei aus, warf sich auf die Knie und vergrub sein Gesicht in seinen Händen.

„Komm", sagte ich und tippte ihm auf die Schulter. „Zieh die Sachen aus", und ich nickte dem Kobold zu. Er begann sofort, Peters Kleidung auszupacken.

„Was, Herr?", rief der Sträfling und sprang auf. „Wollen Sie mich ihn sehen lassen, bevor Sie mich aufgeben?"

„Ja", nickte ich, „aber beeil dich." Keine fünf Minuten später lag die zerfetzte Gefängniskleidung im Flussbett und wir machten uns auf den Weg zur Hütte des alten Jasper.

Der Sträfling sprach nur einmal, und zwar als wir das Tor der Hütte erreichten: „Ist er sehr krank, Sir?"

"Sehr krank", sagte ich. Er stand einen Moment da, sog tief den Duft der Rosen ein und starrte um sich; dann öffnete er mit einer abrupten Geste das kleine Tor, glitt mit verstohlenen, verstohlenen Schritten den Weg hinauf und klopfte an die Tür. Etwa eine halbe Stunde lang schlenderten der Kobold und ich im Mondlicht hin und her, währenddessen er mir viel über seinen Gesetzlosen und die vielen "Tricks erzählte, die er angewandt hatte, um sich Proviant zu besorgen". Wie er einmal, um den wachsamen Augen von Tante Lisbeth zu entgehen, gezwungen gewesen war, ein Stück Marmeladentörtchen in den Hosentaschen zu verstecken, zum Nachteil beider; wie Dorothy ihn überall beobachtet hatte, in der momentanen Erwartung, dass "etwas passierte"; wie Jane und Peter und die Köchin dastanden und ihn anstarrten und den Kopf schüttelten, weil er so viel aß, "und das Schlimmste war, dass ich die ganze Zeit furchtbar hungrig war , weißt du, Onkel Dick!" Dies und vieles mehr erzählte er mir, als wir dort im Mondlicht warteten.

Endlich öffnete sich die Tür der Hütte und der Sträfling kam heraus. Er gesellte sich nicht sofort zu uns, sondern starrte weiter in Richtung Fluss, obwohl ich sah, wie er sich auf seine verstohlene, verstohlene Art mehr als einmal mit dem Ärmel über die Augen fuhr; aber als er schließlich zu uns kam, war sein Gesicht fest und entschlossen.

„Hast du den alten Jasper gesehen?", fragte ich.

„Ja, Sir, ich habe ihn gesehen."

"Geht es ihm besser?"

„Viel besser – er starb in meinen Armen, Sir. Und jetzt bin ich bereit, zurückzugehen, es gibt eine Polizeistation im Dorf ." Er hielt plötzlich inne und drehte sich um, um auf die erleuchteten Fenster des Häuschens zu starren, und als er wieder sprach, klang seine Stimme heiserer als je zuvor.

„Ich dachte, ich käme aus dem Ausland zurück , und das tat er auch, mit Taschen voller Gold und Banknoten. Er hat mir auf Wiedersehen gesagt, Jarge ! " Und wieder strich er sich mit der Manschette über die Augen.

„Herr, ich weiß nicht, wer Sie sind, aber ich bin Ihnen dankbar und mehr als dankbar, Sir. Und jetzt bin ich bereit, zurückzugehen und meine Zeit zu beenden."

„Wie lange dauert das noch?"

„Drei Jahre, Sir."

„Und wenn du herauskommst, was wirst du dann tun?"

„Fangen Sie noch einmal ganz von vorne an, Sir. Versuchen Sie, eine ehrliche Arbeit zu finden und ein ordentliches Leben zu führen."

„Glaubst du, dass du das kannst?"

"Ich weiß, dass ich das kann, Sir. Sehen Sie, er starb in meinen Armen, verabschiedete sich von mir, Jarge , sagte, er sei stolz auf mich, und das war er ! Ein Mann kann neu anfangen und ein anständiges Leben führen , wenn ihm eine Erinnerung wie diese hilft . "

„Warum fangen wir dann nicht heute Abend damit an?"

Er fuhr sich mit zitternder Hand durch sein silbernes Haar und starrte mich mit ungläubigen Augen an.

„Beginn heute Nacht!", flüsterte er halb.

„Ich habe ein altes Haus in den Hopfengärten von Kent", fuhr ich fort. „Zurzeit wohnt dort außer einem Hausmeister niemand, aber es ist durchaus möglich, dass ich eines Tages dorthin ziehen werde . Die Gärten müssen gepflegt werden, und ich liebe Blumen sehr. Glauben Sie, Sie könnten das Haus in – sagen wir – einem Monat wieder ansehnlich herrichten?"

„Sir", sagte er mit einer seltsamen, gebrochenen Stimme, „Sie sind nicht du willst mich verarschen , oder?"

„Ich könnte Ihnen ein Pfund pro Woche zahlen. Was meinen Sie dazu?"

Er versuchte zu sprechen, aber seine Lippen zitterten, und er drehte uns plötzlich den Rücken zu. Ich riss eine Seite aus meiner Brieftasche und kritzelte eine hastige Notiz an meinen Betreuer.

„Hier ist die Adresse", sagte ich und klopfte ihm auf die Schulter. „Das wird keine Schwierigkeiten bereiten. Ich werde heute Abend noch einmal schreiben. Natürlich müssen Sie Geld haben, um dorthin zu kommen, und vielleicht müssen Sie auch noch ein paar Dinge des täglichen Bedarfs kaufen; hier ist Ihr Lohn für die erste Woche im Voraus", und ich drückte ihm einen Sovereign in die Hand. Er starrte mit blinzelnden Augen darauf und scharrte unbeholfen mit den Füßen, und in diesem Moment wirkte sein Gesicht sehr abgekämpft und faltig und sein Haar sehr grau, doch ich hatte das Gefühl, dass ich meine weltfremde Tat am Ende nicht bereuen würde.

„Sir", stotterte er, „ Sir , meinen Sie –?" und hielt inne.

Jarge ' heute Abend die Chance hat, einen Neuanfang zu machen, die Chance, der Mann zu werden, von dem sein Vater immer dachte, dass er es sein würde. Natürlich kann es sein, dass ich ein Narr bin, Ihnen zu vertrauen. Das wird nur die Zeit zeigen; aber wissen Sie, ich hatte großen Respekt vor dem alten Jasper. Und jetzt, da Sie die Adresse haben, sollten Sie besser gehen; bleiben Sie aber, Sie müssen einen Hut haben; die Leute könnten sich wundern – nehmen Sie das", und ich reichte ihm meine Mütze.

„Sir, ich kann Ihnen jetzt nicht danken, das kann ich nie. Es – es wird nicht kommen; aber –" Mit einer nervösen, unbeholfenen Geste ergriff er meine Hand, drückte sie plötzlich an seine Lippen und ging den Weg hinunter.

Und so kam es, dass Jaspers „Tschüss Jarge " hinausging, um sein Leben ein zweites Mal auf die Probe zu stellen, und als ich ihn mit erhobenem Kopf durch das Mondlicht schreiten sah, ganz anders als das schlurfende Geschöpf, das er einmal gewesen war, kam es mir so vor, als sei der Verbrecher bereits vom Menschen verdrängt worden.

„Ich glaube, er hat mich völlig vergessen!", sagte der Kobold trostlos.

„Nein", antwortete ich kopfschüttelnd. „Ich glaube nicht, dass er dich jemals vergessen wird, mein Kobold."

„Ich nehme an , er mag dich furchtbar gern, Onkel Dick?"

"Nicht, dass ich davon Wüste,"

„Warum hat er dann deine Hand geküsst?"

„Oh, nun – äh – vielleicht ist das seine Art."

„Er hat meinen nicht geküsst", sagte der Kobold.

Eine Tür öffnete und schloss sich ganz leise und Lisbeth kam den Weg entlang auf uns zu, woraufhin der Kobold sofort im Graben „in Deckung ging".

„Er ist tot, Dick!", sagte sie, als ich das Tor öffnete. „Er starb in den Armen seines Sohnes – des George, von dem er immer sprach. Und oh, Dick, er starb beim Versuch, ,The British Grenadiers' zu singen."

„Der arme alte Jasper!", sagte ich.

„Sein Sohn war einmal ein Sträfling, nicht wahr?"

"Ja."

„Es war seltsam, dass er so zurückkam – gerade noch rechtzeitig. Es scheint fast wie die Hand der Vorsehung, nicht wahr, Dick?“

„Ja.“ Lisbeth stand mit den Ellbogen auf dem Tor und dem Kinn in den Händen und starrte zum Mond hinauf. Ich sah, dass ihre Augen tränennass waren.

„Warum, wo ist deine Mütze?“, rief sie aus, als sie sich endlich herabließ, mich anzusehen.

„Auf den Kopf eines entflohenen Sträflings“

Ich antwortete.

"Meinst du- "

„Das ‚Tschüs ‚ Jarge ‘“, nickte ich.

„Oh, Dick!“

„Ja, Lisbeth, ich gebe zu, es war ein lächerlicher Akt der Gefühlsduselei. Ihr gesetzestreuer, vernünftiger Bürger wäre zweifellos höchst schockiert, um nicht zu sagen empört ; ebenso könnte sich das Gesetz auf die Hinterbeine stellen und treten – ziemlich unangenehm; aber trotzdem habe ich es getan.“

„Sie waren nie das, was man als sehr ‚besonnen‘ bezeichnen würde, nicht wahr, Dick?“

„Nein, leider nicht.“

„Und wissen Sie, ich glaube, das ist genau der Grund, warum ich – meine Güte! – was ist das?“ Sie deutete auf den Schatten der Hecke.

„Nur der Kobold“, antwortete ich. „Aber lassen Sie das mal beiseite – sagen Sie mir, was Sie sagen wollten – ‚der eigentliche Grund, warum Sie‘ – was?“

„Reginald!“, sagte Lisbeth, ohne auf meine Frage zu achten, „kommen Sie her, Sir!“ Ganz verlegen kroch der Kobold aus dem Graben hervor, trat an meine Seite, schob seine Hand in meine und ich steckte sie in meine Tasche.

„Reginald?“, wiederholte sie und blickte von einem zum anderen mit jenem Ausdruck, der in mir immer wieder die Erinnerung an meine Missetaten als Junge wachruft, „warum schläfst du nicht im Bett?“

„ Weil ich los musste, um meine Gesetzlose, Tante Lisbeth, zu füttern.“

„Und“, warf ich ein, um abzulenken, „ich habe nebenbei das Geheimnis seines ‚riesigen Appetits‘ entdeckt. Es lässt sich mit drei Worten erklären, nämlich ‚auf Wiedersehen, Jarge ‘.“

„Willst du damit sagen –“, begann Lisbeth.

„Ich habe ihn regelmäßig zweimal täglich gefüttert", fuhr ich fort, „und wäre dabei beinahe verhungert – erinnern Sie sich an den Vorfall mit dem trockenen Brot?"

„Kobold!", rief Lisbeth, „Kobold!" Und im nächsten Moment hatte sie ihn in den Armen.

„Aber Onkel Dick hat ihm einen ganzen Sovereign gegeben, wissen Sie", begann er; „und –"

„Ich habe ihn zu einem bestimmten Haus geschickt, Lisbeth", sagte ich, als ihre Augen sich mit meinen trafen; „ein altes Haus, das nicht weit vom Dorf Down in Kent steht, um die Rosen und andere Dinge zu beschneiden. Ich möchte, dass es so gut aussieht, wie es ist, wenn wir dort ankommen; und –"

„Und mein Geächteter hat Onkel Dick die Hand geküsst", fuhr der Kobold fort. „Meinen Sie nicht, dass er ihn schrecklich lieben muss?"

„Ich habe ihm dafür einen Monat Zeit gegeben", fuhr ich fort, „aber ein Monat scheint viel zu lang, wenn man darüber nachdenkt – was denkst du, Lisbeth?"

„Ich glaube, ich höre die Räder des Dogcarts!", rief sie. Und tatsächlich tauchte Peter einen Moment später auf, und sein Erstaunen war groß, als er „Master Reginald" sah.

„Peter", sagte ich, „Miss Elizabeth hat ihre Meinung geändert und wird mit uns zurückgehen; und – äh – übrigens, ich habe gehört, dass Master Reginald einen Mantel, ein Hemd und eine Hose von Ihnen gekauft hat, für die er bereits eine Anzahlung von sechs Pence geleistet hat. Wenn Sie mir jetzt ihren Wert mitteilen würden –"

"Das ist ganz in Ordnung, Mr. Brent, Sir. Unter uns, Sir, sie waren jedenfalls nicht besonders schick , der Mantel war ziemlich eng , Sir – ziemlich eng – und die Hose war für einen Mann meiner Statur ungewöhnlich kurz , Sir."

„Dennoch", sagte ich, „ein Mantel ist ein Mantel, und eine Hose ist zweifellos eine Hose, und nichts kann diese Tatsache ändern; wenn Sie mir also irgendwann eine Rechnung schicken würden, wäre ich gern bereit."

„Sehr gut, Mr. Brent, Sir." Mit diesen Worten tippte Peter an seinen Hut, drehte sich um und fuhr davon.

„Nun", sagte ich, als ich zu Lisbeth und dem Kobold zurückkehrte, „würde ich mich freuen, wenn Sie mir sagen, wie lange es dauern wird, bis mein Garten schön genug aussieht, um Sie willkommen zu heißen?"

„Na ja, das hängt vom Gärtner ab und vom Wetter und – und von vielen anderen Dingen", antwortete sie und ließ ihr Grübchen aufblitzen.

„Im Gegenteil", erwiderte ich kopfschüttelnd, „es hängt ganz von der Laune des schönsten, verlockendsten ab –"

„Angenommen", seufzte Lisbeth, „angenommen, wir reden über Fische!"

„Du warst in letzter Zeit nicht angeln, Onkel Dick", warf der Kobold ein.

„Ich hatte keinen Grund dazu", antwortete ich. „Sehen Sie, ich mache mich solcher Dinge nur schuldig, wenn das Leben eine graue Monotonie annimmt und alles eine platte, trostlose Trostlosigkeit ist. Verstehen Sie, Kobold?"

„Nicht ' zackly – aber es klingt gut! Tante Lisbeth", sagte er plötzlich, als wir am Shrubbery-Tor anhielten, „glaubst du nicht, dass mein Gesetzloser Onkel Dick sehr, sehr gern haben muss, wenn er ihm die Hand küsst?"

„Aber natürlich muss er", nickte Lisbeth.

„Wenn", fuhr er nachdenklich fort, „wenn du jemanden liebst – sehr – würdest du ihm dann die Hand küssen, Tante Lisbeth?"

„Ich weiß nicht – natürlich nicht!"

„Aber warum nicht – vorausgesetzt, ihre Hand war schön und sauber?"

„Oh, also – ich weiß es wirklich nicht. Imp, lauf ins Bett; tu das."

„Du weißt jetzt, dass ich nicht so ein Schwein war, all das Essen aufzuessen, oder?" Lisbeth küsste ihn.

„Und jetzt ab ins Bett."

„Du kommst doch vorbei, deckst mich zu und gibst mir einen Gutenachtkuss, oder?"

„Das werde ich bestimmt", nickte Lisbeth.

„Na, dann gehe ich", sagte der Kobold und winkte mir zu.

„Dick", sagte Lisbeth und starrte zum Mond hinauf, „es war, gelinde gesagt, sehr unklug von Ihnen, einen verzweifelten Verbrecher auf freiem Fuß zu lassen."

„Das war es leider, Lisbeth. Aber dann habe ich gesehen, dass in dem Kerl auch etwas Gutes steckt, weißt du, und – äh –"

„Dick", sagte sie noch einmal und lachte dann plötzlich, wobei ihr Grübchen deutlich zu sehen war. „Du dummer alter Dick – du weißt, dass du es für den sterbenden alten Soldaten sowieso getan hättest."

„Armer alter Jasper!", sagte ich. „Ich fürchte wirklich, das muss passieren."
Dann geschah etwas Wunderbares. Als ich meine Hand nach ihr ausstreckte,
nahm sie sie plötzlich in ihre und ehe ich mich versah, presste sie ihre Lippen
darauf – und war verschwunden.

VII
DIE VERSPRENGTE EICHE

Ich hatte mit Lisbeth gestritten ; wir hatten uns verzweifelt und unwiderruflich gestritten , ohne dass es Hoffnung auf Versöhnung und Vergebung gab, und alles war durch ein Taschentuch geschehen - Mr. Selwyns Taschentuch.

Auf den ersten Blick mag das alles sehr absurd, um nicht zu sagen kleinlich erscheinen; mir ist jedoch häufig aufgefallen, dass unbedeutende Dinge sehr oft die Grundlage für große Dinge bilden; und übrigens wurden schon überraschend viele Leben durch ein Taschentuch ruiniert.

Die Umstände waren kurz gesagt folgende: Erstens hatte ich folgenden Brief von der Herzogin erhalten, der mich nicht wenig beunruhigte:

MEIN LIEBER DICK: Ich habe gehört, dass diese Kreatur von Agatha Warburton geschrieben hat und droht, unserer lieben Lisbeth den sprichwörtlichen Schilling abzuschneiden, wenn sie ihrem Wunsch nicht nachkommt und Mr. Selwyn innerhalb eines Jahres heiratet. Haben Sie jemals etwas so Abscheuliches erlebt?

Wenn ich Lisbeth wäre und eine solche „Kreatur" als Tante hätte, würde ich sie zuerst in Timbuktu sehen – das würde ich! Aber dann vergesse ich, dass das arme Kind nichts auf der Welt hat und Sie kaum mehr, und „Liebe in einer Hütte" ist bis zu einer gewissen Zeit ganz gut, Dick. Natürlich ist es in Romanen in Ordnung, aber Sie sind in einem Roman keiner von Ihnen, und das ist das Schlimmste daran. Wenn die Vorsehung es für richtig gehalten hätte, mich jetzt zu Lisbeths Tante zu machen, wären die Dinge vielleicht ganz anders; aber leider! Es sollte nicht sein. Unter diesen Umständen ist das Beste, was Sie tun können, ihr und Ihrem eigenen zuliebe, Arkadien den Rücken zu kehren und zu versuchen , alles so schnell wie möglich im Trubel von London und dem Alltagsleben zu vergessen.

Ihre CHARLOTTE C.

PS: Natürlich ist Romantik schon seit Ewigkeiten tot; trotzdem wäre es wirklich nett, wenn Sie es schaffen würden, eines schönen Abends mit ihr durchzubrennen!

Damit war der Beschluss ergangen, die Wartezeit war vorüber; heute musste Lisbeth zwischen Selwyn und mir wählen.

Dieser Gedanke ging mir durch den Kopf, als ich den Flussweg entlang schritt, und erfüllte mich mit jenem seltsamen Hochgefühl, das, so nehme ich an, die meisten von uns verspüren, wenn wir in unserem Leben einen Höhepunkt erreichen.

Doch nun tauchte die große Frage auf: „ Wie würde sie sich entscheiden?" und begann mich zu verfolgen. Weil eine Frau einem Mann zulächelt, ist er sicherlich ein äußerst dämlicher Narr, wenn er sich einbildet, sie liebe ihn. Wie würde sie sich entscheiden? Nein, tatsächlich; welche Wahl hatte sie zwischen Wohlstand und Armut? Selwyn war reich und wurde von ihrer Tante, Lady Warburton, bevorzugt , während es bei mir genau umgekehrt war. Und jetzt erinnerte ich mich daran, wie Lisbeth es immer vermieden hatte, mit mir zu einer Einigung zu kommen, und mich unter dem einen oder anderen Vorwand abwimmelte , aber immer mit unendlichem Taktgefühl. So überkam mich die Angst und der Zweifel begann sich zu erheben; meine Schritte wurden immer langsamer, bis ich, als ich das Shrubbery-Tor erreichte, dort im Zweifel blieb, ob ich weitergehen sollte oder nicht. Ich nahm jedoch meinen Entschluss zusammen und ging weiter, in Richtung des Obstgartens, wo sie, wie ich wusste, morgens oft saß, um zu lesen oder so zu tun, als würde sie nähen .

Ich war nur ein kleines Stück gegangen, als ich in der Ferne zwei Gestalten sah, die langsam über den Rasen gingen, und ich erkannte Lisbeth und Mr. Selwyn. Sein Anblick hier und zu dieser Zeit war ausgesprochen unangenehm, und ich eilte weiter und fragte mich, was ihn so früh hergebracht haben mochte.

Unter Lisbeths Lieblingsbaum , einem alten Apfelbaum, der so knorrig und schroff war, dass er sein ganzes Leben damit verbracht zu haben schien, sich in alle möglichen unmöglichen Knoten zu verwickeln – im Schatten dieses Baumes, sage ich, standen eine rustikale Sitzgelegenheit und ein Tisch, auf dem ein Arbeitskorb, ein Buch und ein Taschentuch lagen. Es war ein großes, ausgesprochen maskulines Taschentuch, und als mein Blick darauf fiel, bemerkte ich durch einen unglücklichen Zufall ein in eine Ecke gesticktes Monogramm – ein äußerst sauberes, präzises Monogramm mit den Buchstaben FS. Ich erkannte es sofort als Eigentum von Mr. Selwyn.

Normalerweise hätte ich mir nichts dabei gedacht, aber heute war es anders; denn es gibt Zeiten im Leben, in denen die dümmsten Dinge unendliche Möglichkeiten in sich bergen; in denen die allerkleinsten Kleinigkeiten überwältigende Ausmaße annehmen und das Universum ausfüllen und auslöschen.

So war es auch jetzt, und als ich auf das Taschentuch starrte, verwandelten sich die Zweifel in mir plötzlich in Gewissheit. Ich ging ruhelos auf und ab, als ich Lisbeth näher kommen sah; ihre Wangen schienen röter als sonst, und ihre Hand zitterte, als sie es mir reichte.

„Was ist denn mit dir los?", sagte sie. „Du siehst so – so seltsam aus, Dick."

„Ich habe heute Morgen einen Brief von der Herzogin erhalten."

"Hast du?"

„Ja, darin erzählt sie mir, dass Ihre Tante gedroht hat, …"

„Gib mir einen Schilling", nickte Lisbeth und ging zum Tisch herüber.

„Ja", sagte ich noch einmal.

"Also?"

"Also?"

„Oh, um Himmels willen, Dick, hör auf, wie ein – ein eingesperrter Bär auf und ab zu trampeln, und setz dich hin – tu es!"

Ich gehorchte, doch während ich das tat, sah ich aus nächster Nähe, wie sie das Taschentuch aufhob und es unter die Schnürung an ihrer Brust stopfte.

„Lisbeth", sagte ich, ohne den Kopf zu wenden, „warum versteckst du es – dort?"

Ihr Gesicht wurde schmerzhaft rot, ihre Lippen zitterten und für einen Moment fand sie keine Antwort; dann versuchte sie, es mit einem Lachen wegzulachen.

„Weil ich – ich es wollte, schätze ich!"

„Natürlich!", erwiderte ich, stand auf, verbeugte mich und wandte mich zum Gehen.

„Bleib einen Moment, Dick. Ich muss dir etwas sagen."

„Danke, aber ich glaube, ich kann es erraten."

"Kannst du?"

"Oh ja."

„Bist du nicht ein bisschen theatralisch, Dick?" Während sie sprach, zog sie Selwyns Taschentuch hervor und begann, Knoten darin zu binden und wieder zu lösen. „Dick", fuhr sie fort – und fuhr nun mit dem Finger Selwyns Monogramm nach – „du sagst mir, du wüsstest, dass Tante Agatha gedroht hat, mich zu enterben; ich frage mich, ob dir klar ist , was das für mich bedeuten würde?"

„Nur in gewissem Maße“, antwortete ich verbittert. „Aber für Sie wäre es natürlich schrecklich – Abschied von der Gesellschaft und dem ganzen Rest – keine Ballkleider oder Hüte und solche Sachen mehr aus Paris und –“

„Und wenn Sie all dies im Hinterkopf behalten“, warf sie ein, „und da Sie mich kennen, können Sie vielleicht noch eine Vermutung anstellen und mir sagen, was ich unter diesen Umständen wahrscheinlich tun werde?“

Wäre ich alles andere als ein lächerlicher Esel gewesen, wäre meine Antwort anders ausgefallen; aber ich war auch nicht ich selbst, und mir fiel auf, wie zärtlich ihr Finger die beiden Buchstaben FS nachzeichnete, also lachte ich ziemlich brutal und antwortete:

„Folgen Sie dem Instinkt Ihres Geschlechts und bleiben Sie bei den Pariser Hüten und Sachen.“

Ich hörte, wie ihr der Atem stockte, und als sie sich abwandte, begann sie, mit den Buchseiten auf dem Tisch herumzuflattern.

„Und du warst schon immer so geschickt im Raten, nicht wahr?“, sagte sie nach einem Moment und hielt ihr Gesicht abgewandt.

„Zumindest haben Sie sich dadurch die Erklärung der Situation erspart, und dafür sollten Sie dankbar sein.“

Das Buch fiel plötzlich zu Boden und blieb unbeachtet liegen, und sie begann seltsam hoch zu lachen. Verwundert machte ich einen Schritt auf sie zu, aber in diesem Moment rannte sie vor mir weg und rannte auf das Haus zu, ohne anzuhalten oder langsamer zu werden, bis ich sie ganz aus den Augen verloren hatte.

So war die ganze elende Angelegenheit geschehen, und ich war durch ihre Plötzlichkeit wie ein „Blitz aus heiterem Himmel“ betäubt. Ich war zu den „Drei lustigen Anglern“ zurückgekehrt, entschlossen, dem Rat der Herzogin zu folgen und mit dem nächsten Zug nach London zurückzukehren. Doch nachdem ich eine schlaflose Nacht verbracht hatte, saß ich nun an meinem alten Platz unter den Erlen und tat so, als würde ich angeln.

Der Fluss lachte so fröhlich wie immer zwischen den Schilfhalmen, Bienen summten und Schmetterlinge kreisten und schwebten – das Leben und die Welt waren sehr schön. Doch dieses Mal war ich blind für all das; außerdem weigerte sich meine Pfeife zu „ziehen“ – Grashalme, Zweige und mein Taschenmesser halfen mir gleichermaßen nicht.

So saß ich da und grübelte über die Unbeständigkeit der Frauen nach, wie es viele vor mir getan haben und wie es zweifellos viele nach mir tun werden, leider!

Und alles in allem waren meine Gedanken folgende: Lisbeth hatte mich betrogen; die Stunde der Prüfung hatte sie schwach gefunden; mein Idol war schließlich nur gewöhnlicher Lehm. Und doch hatte sie Reichtum der relativen Armut vorgezogen, was nach allen Regeln des gesunden Menschenverstands sicherlich gezeigt hatte, dass sie über eine Weisheit verfügte, die über ihr Alter hinausging. Und wer war ich, dass ich dasitzen und darüber trauern sollte? Unter denselben Umständen hätten neunundneunzig von hundert Frauen genau denselben Weg gewählt; aber für mich war Lisbeth immer die einzige gewesen, die davon ausgenommen war – die hundertste Frau; außerdem gibt es Zeiten, in denen Liebe, unvernünftig und unlogisch, unendlich schöner ist als dieser viel gepriesene gesunde Menschenverstand.

Dies und vieles andere ging mir durch den Kopf, als ich dasaß, an meiner nutzlosen Pfeife herumfummelte und mit blicklosen Augen auf die Strömung des Flusses starrte. Meine Gedanken wurden jedoch plötzlich unterbrochen, als etwas Weiches an mir rieb, und als ich nach unten blickte, erblickte ich Dorothys flauschiges Kätzchen Louise. Als ich versuchte, sie hochzuheben, sprang sie in dieser bemerkenswerten Seitwärtsbewegung, die ihrer Art eigen ist, von mir weg und blieb stehen und beobachtete mich aus der Ferne, den Schwanz gerade in die Luft gereckt und den Mund lautlos öffnend und schließend. Schließlich unternahm sie einen sehr schwachen Versuch zu miauen, lief im Zickzack auf mich zu, kletterte auf meinen Schoß und fiel sofort in einen schnurrenden Schlaf.

„Hallo, Onkel Dick! – Ich meine, was ist los, Little John!“, rief eine Stimme, und als ich vorsichtig über meine Schulter blickte, um „Louise“ nicht aus dem Gleichgewicht zu bringen, erblickte ich den Kobold. Ein Blick auf den Bogen in seiner Hand, die drei Pfeile in seinem Gürtel und die Feder in seiner Mütze genügte, um mir im Augenblick zu sagen, wer er war.

„Wie geht es dir, Robin?“, fragte ich.

„Ich bin ein verbitterter, enttäuschter Mann, Onkel Dick!“, antwortete er und hob eine Hand, um zu fühlen, ob seine Feder an ihrem Platz war.

"Bist du?"

„Ja, im Buch steht, dass Robin Hood ‚verbittert und enttäuscht‘ war, und das bin ich auch.“

"Wieso, wie ist das?"

Der Kobold verschränkte die Arme und musterte mich mit einem schrecklichen Stirnrunzeln. „Es ist alles die Schuld meiner Tante Lisbeth!“, sagte er mit tragischer Stimme.

„Setz dich, mein Kobold, und erzähl mir alles darüber.“

„Also", er legte sein ,treues Schwert' beiseite und setzte sich neben mich, „sie war gestern furchtbar wütend auf mich, furchtbar wütend sogar, und sie wollte nicht mit mir spielen oder so; und als ich versuchte, mit ihr befreundet zu sein und sie bat, so zu tun, als sei sie ein Nilpferd, weil ich ein mächtiger Jäger war, sagte sie nur: ,Reginald, geh weg und belästige mich nicht!'

„Du überraschst mich, Kobold!"

„Aber das ist nicht das Schlimmste", fuhr er fort und schüttelte düster den Kopf. „Sie ist nicht gekommen, um mich zuzudecken und mir einen Gutenachtkuss zu geben, wie sie es immer tut. Ich lag stundenlang wach und wartete auf sie, wissen Sie, aber sie kam nie, und deshalb habe ich sie verlassen!"

„Hab sie verlassen!", wiederholte ich.

„ Für immer und ewig!", sagte er und nickte streng. „Ich fürchte, sie wird eines Tages schrecklich traurig sein !"

„Aber wohin sollst du gehen?"

„Ich denke an Persien!", sagte er düster.

"Oh!"

„Es ist schön und weit weg, wissen Sie, und vielleicht treffe ich Aladdin mit der Wunderlampe."

„Leider, Imp, das fürchte ich nicht", antwortete ich kopfschüttelnd. „Und außerdem wird es sehr, sehr lange dauern, dorthin zu gelangen, und wo wirst du nachts schlafen?"

Der Kobold runzelte die Stirn noch mehr als zuvor und starrte geradeaus, als hätte er mit einem gewaltigen Problem zu kämpfen. Dann hellte sich seine Stirn auf und er sprach folgendermaßen:

„Von nun an, Onkel Dick, wird die Weite des Himmels mein Dach sein, und – und – warte mal!" Er brach ab, zog etwas aus seiner Tasche, brachte einen zerfledderten, in Papier eingebundenen Band zum Vorschein (die Bücher des Kobolds sind immer zerfleddert), blätterte hastig darin, hielt bei einem bestimmten Absatz inne und las Folgendes:

„,Von nun an soll der weite Himmel mein Dach sein, und alle Tyrannen sollen lernen, vor meinem Namen zu zittern!' Klingt das nicht toll, Onkel Dick? Ich habe versucht, Ben, den Gärtnersohn, dazu zu bringen, ein bisschen mit mir im ,grünen Wald' zu leben und zu helfen, ,Tyrannen' zum Zittern zu bringen, aber er sagte, er habe Angst, dass seine Mutter ihn eines Tages finden könnte, und das würde er nicht, also werde ich sie ganz allein zum Zittern bringen, es sei denn, du kommst und bist Little John, wie du es einmal warst – oh, tu das!"

Bevor ich antworten konnte, hörte ich Schritte. Ich sah mich um und mein Herz machte einen Sprung, denn da kam Lisbeth den Weg herunter.

Sie ließ den Kopf hängen und ging mit lustloser Miene. Jetzt, als ich sie beobachtete, vergaß ich alles, außer dass sie traurig und besorgt aussah und schöner denn je und dass ich sie liebte. Instinktiv stand ich auf und lüftete meine Mütze. Sie erschrak und sah mir für den Bruchteil einer Sekunde in die Augen, dann ging sie gelassen weiter. Ich hätte ein Stock oder ein Stein sein können, so viel Aufmerksamkeit schenkte sie mir noch.

Seite an Seite sahen der Kobold und ich ihr nach, bis der letzte Schimmer ihres weißen Rocks im Grün verschwunden war. Dann verschränkte er die Arme und drehte sich zu mir um.

„So sei es!", sagte er mit einem Ausdruck strenger Endgültigkeit. „Und nun, was ist bitte eine ‚verdammte Eiche'?"

„Eine verdammte Eiche!", wiederholte ich.

„Wenn es dir recht ist, Onkel Dick."

„‚Nun, es ist eine Eiche, die vom Blitz getroffen wurde.'"

„Wie der mit den herausstehenden Zweigen, wo ich einmal Tante Lis versteckt habe – ihre Strümpfe?"

Ich nickte, setzte mich hin und begann, meine Angelrute und die anderen Sachen einzupacken.

„Das freut mich", fuhr der Kobold nachdenklich fort. „Robin Hood hat immer zu jemandem gesagt: ‚ Eile um Mitternacht zur verdammten Eiche!' und es ist schön, eine zur Hand zu haben, weißt du."

Ich dachte, dass dies unter bestimmten Umständen und mit einem Stück Seil durchaus möglich wäre, ob „ verdammt" oder nicht, aber ich sagte nur „Ja" und seufzte.

„‚Woher kommt dieses traurige Gesicht?' Onkel Dick – ich meine Little John? Ist Tante auch böse auf dich?"

„Ja", antwortete ich und seufzte erneut.

„Oh!", sagte der Kobold und starrte ihn an. „Und haben Sie Lust – haben Sie Lust – warten Sie eine Minute" – und noch einmal zog er den zerfledderten Band hervor und sah in seiner Hand nach – „Haben Sie Lust, sich in Ihrem Schwertgürtel an den Arm jenes Baumes zu hängen?", fragte er eifrig und legte den Finger auf einen bestimmten Absatz.

„Das ist mir sehr ähnlich, mein Kobold."

„Oder – oder ‚sich vom höchsten Gipfel jenes hohen Felsens zu stürzen?'"

„Ja, Kobold, je ‚erhabener', desto besser!"

„Dann müssen Sie verliebt sein, wie Alan-a-Dale; er wollte sich erhängen und sich vom höchsten Berg stürzen , wissen Sie, aber Robin Hood sagte: ‚Woher kommt dieses traurige Gesicht?' und hielt ihn davon ab – erinnern Sie sich?"

„Sicher", nickte ich.

„Und du bist also wirklich in meine Tante Lisbeth verliebt, oder?"

"Ja."

„Ist sie deshalb wütend auf dich?"

"Wahrscheinlich."

Der Kobold schwieg und war offenbar erneut in tiefe Meditation versunken.

„ Ich fürchte, mit ihr stimmt etwas nicht", sagte er schließlich kopfschüttelnd. „Sie regt sich immer auf, wenn irgendjemand etwas sagt – auf Sie und mich und Mr. Selwyn."

„Mr. Selwyn!", rief ich. „Imp, was meinen Sie?"

„Also, sie wurde zuerst sauer auf mich – und das auch noch wegen so einer Kleinigkeit! Wir waren im Obstgarten, und ich verschüttete etwas Limonade auf ihr Kleid – nur etwa ein halbes Glas, wissen Sie, und als sie es abwischen wollte, hatte sie kein Taschentuch, und ich hatte natürlich keins. Also sagte sie mir, ich solle eins holen, und ich wollte gerade gehen, als Mr. Selwyn kam, also fragte ich: ‚Würde er Tante Lisbeth sein Taschentuch leihen, weil sie eins wollte, um ihr Kleid abzuwischen?' und er sagte: ‚Sehr erfreut!' Dann runzelte Tante die Stirn und schüttelte den Kopf, als er nicht hinsah. Aber Mr. Selwyn holte sein Taschentuch heraus, kniete nieder und begann, die Limonade abzuwischen, erzählte ihr etwas über sein ‚Herz' und wünschte, er könnte ‚für immer zu ihren Füßen knien!' Tante wurde furchtbar rot und sagte ihm, er solle aufstehen, aber er wollte nicht; und dann sah sie mich so furchtbar böse an, dass ich dachte, ich sollte lieber gehen. Während sie also sagte: „Stehen Sie auf, Mr. Selwyn – tun Sie es!", rannte ich weg. Ich konnte nur erkennen, dass sie furchtbar wütend auf Mr. Selwyn war – und das war alles!"

Ich erhob mich auf die Knie und packte den Kobold an den Schultern.

„Imp", rief ich, „sind Sie sicher – ganz sicher, dass sie gestern Morgen wütend auf Mr. Selwyn war?"

„Natürlich bin ich das. Ich weiß immer, wenn Tante Lisbeth wütend ist. Und jetzt lass uns gehen und im ‚Blasted Oaks' spielen."

„Alles, was du willst, Imp, solange wir sie finden."

„Du vergisst deine Angelrute und …"

„Zum Teufel mit der Angel !" rief ich und machte mich eilig auf den Weg in die Richtung, die Lisbeth eingeschlagen hatte.

Der Kobold trottete neben mir her, stolperte häufig über sein „verlässliches Schwert" und erteilte einer imaginären „Bande von Gesetzlosen" mit heiserer, wilder Stimme zahllose Befehle. Ich selbst schritt unbekümmert weiter, denn in mir wuchs der Verdacht, dass ich Lisbeth wie ein voreiliger Narr beurteilt hatte.

Auf diese Weise durchsuchten wir die Umgebung sehr gründlich, jedoch ohne Erfolg. Wir setzten unsere Suche jedoch mit unvermindertem Eifer fort – entlang des Flusswegs zur Wassertreppe und von dort durch die Gärten zum Obstgarten; doch keine Spur von Lisbeth. Das Gebüsch und die Koppel brachten ein ähnliches Ergebnis, und nachdem wir Peter in der Geschirrkammer verhört hatten, teilte er uns mit, dass „Miss Helezabeth zusammen mit Miss Dorothy unterwegs war ". Schließlich, nach mehr als einer Stunde solcherlei Dinge, wurde sogar der Kobold entmutigt und schlug vor, „Piraten zu werden".

Unsere Wanderung hatte uns auf verschlungene Pfade geführt und nun, wie es der Zufall wollte, befanden wir uns unter der „verdammten Eiche".

Wir setzten uns sehr feierlich nebeneinander und lange Zeit herrschte Schweigen.

„Es ist doch schön, ‚Tyrannen zum Zittern zu bringen‘, nicht wahr, Onkel Dick?", sagte der Kobold schließlich.

„Sicher." Ich nickte.

„Aber ich hätte Tante Lisbeth, Dorothy und Louise zuerst gerne zum Abschied einen Kuss gegeben –"

„Was meinst du, mein Kobold?"

„Oh, weißt du, Onkel Dick ! , Mein Dach wird von nun an die weite Fläche sein.‘ Ich werde gegen Riesen und – und alle möglichen Schurken kämpfen, weißt du. Und wenn ich dann jemals nach Persien komme und die wunderbare Lampe finde, kann ich mir wünschen, dass alles wieder gut wird, und wir alle sollten ‚für immer glücklich‘ sein – du und Tante Lisbeth und Dorothy und ich; und wir könnten in einem Palast mit Sklaven leben. Oh, das wäre schön!"

„Ja, das ist eine ausgezeichnete Idee, Kobold, aber insgesamt ein wenig riskant, denn es ist durchaus möglich, dass du die Lampe nie findest; außerdem musst du schließlich hier anhalten, denn ich gehe ja selbst weg.“

„Dann lass uns zusammen weggehen, Onkel Dick!“

„Unmöglich, mein Kobold. Wer wird auf deine Tante Lisbeth, Dorothy und Louise aufpassen?“

„Das habe ich vergessen“, antwortete er reumütig.

„Und man muss sich sehr um sie kümmern“, fügte ich hinzu.

„ Das tun sie leider “, nickte er. „Aber da ist Peter“, meinte er mit heller Miene.

„Peter weiß zwar, wie man sich um Pferde kümmert, aber das ist nicht ganz dasselbe. Leih mir dein treues Schwert.“

Er stand auf, zog es aus seinem Gürtel und reichte es mir mit einer schwungvollen Bewegung.

"Du weißt noch, Kobold, in alten Zeiten war es Brauch, dass Ritter, wenn sie in die Schlacht ritten, bei einem feierlichen Versprechen den Kreuzgriff ihres Schwertes küssten, nur um zu zeigen, dass sie es auch halten wollten. Deshalb bitte ich dich jetzt, zu deiner Tante Lisbeth zurückzukehren, auf sie aufzupassen, sie vor allem Bösen zu beschützen und zu beschützen und nie zu vergessen, dass du ihr treuer und wahrer Ritter bist. Und jetzt küss dein Schwert zum Zeichen, ja?" Und ich gab dir die Waffe zurück.

„Ja“, antwortete er mit glänzenden Augen, „das werde ich, bei meiner Ehre , so wahr mir Sam helfe!“ und er küsste das Schwert.

„Gut!“, rief ich aus. „Danke, Kobold.“

„Aber gehst du wirklich weg?“, fragte er und sah mich mit besorgtem Gesicht an.

"Ja!"

„Musst du gehen?“

"Ja."

„Versprichst du mir, eines Tages – bald – wiederzukommen?“

"Ja ich verspreche."

"Bei Ihrer Ehre ?"

„Auf meine Ehre !“, wiederholte ich und küsste meinerseits gehorsam den ausgestreckten Schwertgriff.

„Gehst du heute Abend, Onkel Dick?“

„Ich breche morgens sehr früh auf, also sollten wir uns jetzt besser verabschieden, mein Kobold.“

„Oh!“, sagte er und starrte den Fluss hinunter. Jetzt hing im Knopfloch meines Mantels eine welkende Rosenknospe, die Lisbeth mir vor zwei Tagen geschenkt hatte, und ich nahm sie impulsiv heraus.

„Kobold“, sagte ich, „wenn du zurückkommst, sollst du das hier deiner Tante Lisbeth geben und sagen – äh –, egal, gib es ihr einfach, ja?“

„Ja, Onkel Dick“, sagte er und nahm es von mir, hielt aber sein Gesicht abgewandt.

„Und nun auf Wiedersehen, Kobold!“

„Auf Wiedersehen!“ antwortete er, immer noch ohne mich anzusehen.

„Wollen Sie mir nicht die Hand geben?“

Er streckte eine schmutzige kleine Handfläche aus und als ich sie ergriff, sah ich, wie eine große Träne seine Wange hinabrollte.

„Kommst du bald zurück – sehr bald – Onkel Dick?“

„Ja, ich komme wieder, mein Kobold.“

„Also – kannst du – Sam?“

„So wahr mir Gott helfe, Sam!“

Und so trennten sich der Kobold und ich unter der „verdammten Eiche“, und ich weiß, dass mir das Herz seltsam schwer war, als ich mich abwandte und ihn verließ.

Nachdem ich ein Stück gegangen war, hielt ich inne und blickte zurück. Er stand noch immer dort, wo ich ihn zurückgelassen hatte, aber sein Gesicht war in seinen Armen verborgen, während er schluchzend am krummen Stamm des großen Baumes lehnte.

Auf dem ganzen Weg zu den „Drei lustigen Anglern“ und während des restlichen Abends verfolgte mich der Gedanke an die kleine, trostlose Gestalt, so sehr, dass ich, nachdem ich mein Abendessen ungegessen weggeschickt hatte, Feder und Tinte nahm und ihm einen Brief schrieb, dem ich mein Taschenmesser beilegte, das er, wie ich oft gesehen hatte, mit „dem Auge der Begierde“ betrachtete, trotz der Klinge, die er bei einer bestimmten denkwürdigen Gelegenheit zerbrochen hatte. Nachdem dies geschehen war, packte mich der Entschluss, auch Lisbeth eine Nachricht zu schicken – nur ein paar kurze Worte, die ihr noch etwas von den Gedanken offenbaren sollten, die ich für sie hegte, bevor ich für immer aus ihrem Leben verschwand.

Über eine Stunde saß ich da, kaute auf dem Mundstück meiner nutzlosen Pfeife herum und quälte meine Keule, aber die „paar kurzen Worte" wollten mir einfach nicht einfallen. Es läutete traurig neun Uhr vom normannischen Turm der Kirche ganz in der Nähe, aber mein Stift war noch immer untätig und das Papier vor mir leer; außerdem wurde mir ein Klopfen irgendwo in meiner Nähe bewusst, das jetzt aufhörte , jetzt wieder begann und dessen ermüdende Wiederholung meine zerbrechlichen Nerven so sehr reizte, dass ich meinen Stift hinwarf und aufstand.

Das Geräusch schien aus der Nähe des Fensters zu kommen. Ich ging also hinüber, riss den Fensterflügel plötzlich auf und starrte in ein rundes Gesicht mit zwei sehr runden Augen und einer Stupsnase, über dem ganzen Gesicht klebte ein roter Haarschopf.

„ Hallo , Herr Onkel Dick!"

Dies und ein zweiter Blick auf das runde Gesicht genügten, um mir die Gewissheit zu geben, dass es sich um Ben, den Gärtersöhnchen, handelte.

„Was, mein edler Benjamin?" rief ich aus.

„Nein, ich bin es!", antwortete der furchtlose Ben. „Er sagte, ich solle dir das geben und dir sagen: ‚Leben und Tod!'" Während er sprach, hielt er eine Papierrolle hoch, die in der Mitte mit einem Schnürsenkel zusammengebunden war. Als er das tat, grinste der runde Kopf, nickte und verschwand aus meinem Blickfeld. Ich wickelte den Schnürsenkel ab, breitete das Papier aus und las die folgenden mit Bleistift hingekritzelten Worte:

Hallo an den verdammten Oke und alles wird vergeben sein. Komm zurück zu deinem Liebling Freunde und Bigones sollen Bigones sein . Schau dir das Loch   im   Stamm   dort   an.

Sined   ,
ROBIN, Outlaw und Knight.

PS: Ich meine, wo ich ihre Strümpfe versteckt habe – du, nein.

Ich stand eine Zeit lang mit diesem wahrhaft geheimnisvollen Dokument in der Hand da und war unentschlossen, was ich damit anfangen sollte. Wenn ich ging, bestand die Gefahr, dass ich dem Kobold über den Weg liefe und es zu einem zweiten Abschied kommen würde, worauf ich in meiner gegenwärtigen Stimmung keine Lust hatte. Andererseits bestand die

Möglichkeit, dass etwas vorgefallen war, worüber ich gut Bescheid wissen sollte.

Und doch, was konnte noch geschehen? Lisbeth hatte ihre Wahl getroffen, mein Traum war vorbei, morgen würde ich nach London zurückkehren – und damit war alles vorbei; dennoch –

Ich verharrte eine Zeit lang in diesem erbärmlichen Zustand des Unentschlossenheit, doch schließlich siegten Neugier und eine flüchtige Hoffnung, und ich nahm meine Mütze und machte mich auf den Weg.

Es war, wie Stevenson sagen würde, „eine wundervolle Nacht der Sterne", und die Luft war erfüllt von ihrem sanften, zitternden Licht, denn der Mond war spät dran und noch nicht aufgegangen. Als ich aus der Tür des Gasthauses trat, stimmte jemand in der Schankstube „Tom Bowling" mit rauer, aber nicht unmusikalischer Stimme an; und die klagende Melodie schien irgendwie Teil der Nacht zu werden.

Tatsächlich betraten meine Füße einen „Feenpfad", der mit weichem Moos bedeckt war, einen Pfad, der sich neben einem Fluss aus Schatten entlangschlängelte, auf dessen dunkler Flut Sterne schwammen. Ich ging langsam, atmete den Duft der Nacht ein und beobachtete den großen, silbernen Mond, der langsam am glitzernden Himmel emporkroch. So kam ich bald zu der „verdammten Eiche". Das Loch im Stamm brauchte nicht lange zu suchen. Ich erinnerte mich gut daran und zog, meine Hand hineinsteckend, ein gefaltetes Papier hervor. Ich hielt es dicht an meine Augen und konnte mit nicht geringer Mühe diese Botschaft entziffern:

Geh nicht, Onkel Dick, bekors. Tante Lisbeth will dich und ich will, dass du es tust. Ich hörte sie das im Libree zu sich selbst sagen und sie weinte und sah mich nicht dort, aber ich war da . Und sie sagte: Oh Dick, ich will dich so, laut, bekors. Sie wusste nicht, dass ich da war. Und ich weiß, sie weinte, bekors . ich habe die Stufen gesehen. Und das trifft auf mich zu , so wahr mir Sam helfe.

Sined ,
einst wahrer Freund und Ritter,
REGINALD AUGUSTUS.

Beim Lesen überkam mich ein Gefühl des Abscheus. Ach! Wenn ich nur glauben könnte, dass sie solche Worte gesagt hat – meine schöne, stolze Lisbeth.

Ach, lieber Kobold, wie konnte ich dir nur glauben? Und weil ich wusste, dass es unmöglich wahr sein konnte, und weil ich mein Leben dafür gegeben hätte, zu wissen, dass es wahr war, begann ich, die Nachricht noch einmal ganz durchzulesen.

Plötzlich zuckte ich zusammen und sah mich um; das war doch bestimmt ein Schluchzen! Aber die geraden Strahlen des Mondes zeigten nur die völlige Einsamkeit um mich herum. Natürlich war es Einbildung, und doch hatte es sehr real geklungen.

Und sie sagte: „Oh Dick, ich will dich so!“

Der Fluss plätscherte sanft gegen das Ufer und irgendwo über meinem Kopf raschelten düster die Blätter.

„Lieber kleiner Kobold, wenn das nur wahr wäre!“

Wieder drang das Geräusch zu mir, leise und zurückhaltend, aber unverkennbar ein Schluchzen.

Auf der anderen Seite des riesigen Baumes erblickte ich eine Gestalt, die halb saß, halb lag. Der Schatten war hier tief, aber als ich mich bückte, sandte der freundliche Mond einen silbernen Lichtstrahl herab, und ich sah ein schönes, erschrockenes Gesicht mit großen, tränenerfüllten Augen.

„Lisbeth!“ rief ich aus; dann kam mir ein plötzlicher Gedanke und ich blickte mich hastig um.

„Ich bin allein“, sagte sie und deutete meinen Gedanken richtig.

„Aber – hier – und – und zu so einer Stunde!“, stammelte ich albern. Sie schien mit einer Bewegung aufzuspringen und stand mit blitzenden Augen vor mir.

„Ich bin gekommen, um den Kobold zu suchen. Ich habe das hier auf seinem Kissen gefunden. Vielleicht kannst du es mir erklären?“ und sie reichte mir ein zerknülltes Papier.

LIEBE TANTE LISBATH: (Ich lese)

Onkel Dick geht weg , weil er dich liebt und du bist wütend auf den verdammten Kerl , wo ich mich vor langer Zeit versteckt habe. Wenn du mich küssen und wieder nett zu mir sein willst, komm zu mir, weil ich möchte, dass jemand nett zu mir ist, jetzt, wo er weg ist

. Liebevoll , entschuldige, IMP.

PS: Er sagte, er würde sich gern mit seinem Schwertgürtel an den Arm jenes Baumes hängen und sich von der obersten Spitze jenes Baumes stürzen , also weiß ich, dass er in Sie verliebt ist.

„Oh, gesegneter Kobold!“

„Und wo ist er jetzt?“, fragte sie.

„Lisbeth, ich weiß nicht.“

„Das weißt du nicht! Warum bist du dann hier?“

Als Antwort hielt ich ihr den Brief hin, den ich gefunden hatte, und sah zu, wie sie die Worte las, die ich nicht glauben konnte.

Sie hatte ihren Hut abgenommen und der Mond warf wunderbare Lichter in die Locken ihres schwarzen Haares. Sie trug ein Hauskleid aus einem dünnen Stoff, der eng anlag und die anmutigen Linien ihrer geschmeidigen Figur freimütig enthüllte, und im Zauber des Mondes wirkte sie wie eine junge Göttin der Wälder – groß und schön und stark, aber dennoch unendlich weiblich.

Als sie mit dem Lesen fertig war, wandte sie sich plötzlich ab, doch nicht bevor ich die verräterische Farbe auf ihren Wangen bemerkt hatte – eine langsame Welle, die von der Stirn bis zum Kinn und vom Kinn bis zu ihrer runden, weißen Kehle über sie hinwegströmte.

Und sie sagte: „Oh Dick, ich will dich so!“ Ich las laut vor.

„Oh“, murmelte Lisbeth.

„Lisbeth, ist es wahr?“

Sie stand mit abgewandtem Gesicht da und drehte den Brief in ihren Fingern.

„Lisbeth!“, sagte ich und trat einen Schritt näher. Sie sprach noch immer nicht, aber ihre Hände streckten sich mit einer schnellen, leidenschaftlichen Geste nach mir aus, und ihre Augen blickten in meine; und sicher waren keine süßer als sie , mit der neuen Schüchternheit in ihren Tiefen und den Tränen, die auf ihren Wimpern glitzerten.

Und in diesem Moment wurden Zweifel und Angst von einer großen Freude verschluckt, und ich vergaß alles außer, dass Lisbeth vor mir stand und dass ich sie liebte. Der Mond, der jetzt aufgegangen war, hatte einen breiten silbernen Pfad über den schattigen Fluss bis zu unseren Füßen gezogen, und ich erinnerte mich daran, wie der Kobold mir einmal erzählt hatte, dass er dort sei, damit die Mondfeen herunterkommen und uns schöne Träume bringen könnten. Sicherlich war die Luft heute Nacht voller Mondfeen.

„O Kobold, dreimal gesegneter Kobold!"

„Aber – aber Selwyn?", stöhnte ich schließlich.

"Also?"

„Wenn du ihn liebst –"

„Aber das tue ich nicht!"

„Aber wenn du ihn heiraten willst –"

"Aber das bin ich nicht! Ich wollte es dir gestern im Obstgarten sagen, aber du hast mir keine Chance gelassen; du hast lieber geraten und natürlich völlig falsch geraten. Ich wusste, dass es dich unglücklich machte, und ich war froh darüber und wollte dich lange, lange Zeit so aufhalten; aber als ich aufsah und dich so sehr, sehr elend dastehen sah, Dick, konnte ich es nicht länger durchhalten, weil ich selbst so furchtbar elend war, weißt du."

„Kannst du mir jemals verzeihen?"

„Das kommt darauf an, Dick."

"Auf was?"

Lisbeth bückte sich, nahm ihren Hut und begann ihn aufzusetzen.

„Kommt drauf an, wovon?", wiederholte ich.

Sie hatte jetzt ihren Hut auf, aber eine Weile antwortete sie nicht, ihre Augen waren auf den „Feenpfad" gerichtet. Als sie schließlich sprach, war ihre Stimme sehr leise und zärtlich.

„„Nicht weit vom Dorf Down in Kent steht ein Haus"', begann sie, „„„ein sehr altes Haus mit spitzen Giebeln und getäfelten Räumen, aber heute Abend leer und verlassen.' Wissen Sie, ich erinnere mich an alles", brach sie ab.

„Ja, du erinnerst dich an alles", wiederholte ich verwundert.

„Dick – ich – ich möchte, dass du mich dorthin bringst. Ich habe so oft daran gedacht. Bring mich dorthin, Dick."

„Lisbeth, meinst du das ernst?"

„Das ist schon seit langem mein Lebenstraum – dort für Sie zu arbeiten, für Sie zu sorgen, Dick – Sie brauchen so viel, so viel Fürsorge – mit Ihnen im alten Rosengarten spazieren zu gehen; aber jetzt bin ich ein Bettler, wissen Sie, obwohl es mir nichts ausmacht, wenn – wenn Sie mich wollen, Dick."

„Will dich!“, rief ich, und mit diesen Worten zog ich sie an mich und küsste sie. Jetzt hörte ich plötzlich irgendwo oben im Baum ein Knacken und ein gewaltiges Knacken von Zweigen.

„Alles klar, Onkel Dick!“, rief eine Stimme. „Es ist nur der Ast. Mach dir keine Sorgen.“

„Kobold!“, rief ich.

„Ich komme, Onkel Dick“, antwortete er, und mit großer Anstrengung und schwerem Atmen tauchte er bald in Sichtweite auf und wand sich sicher auf den Boden. Einen Moment lang stand er da und sah von einem zum anderen, dann wandte er sich an Lisbeth.

„Willst du mir nicht auch verzeihen, Tante Lisbeth, bitte?“, sagte er.

„Vergib dir!“, rief sie, fiel auf die Knie und nahm ihn in die Arme.

„Ich bin froh, dass ich doch nicht nach Persien gegangen bin, Onkel Dick“, sagte er über ihre Schulter hinweg.

„Persien!“ wiederholte Lisbeth verwundert.

„Oh ja, du warst so wütend auf Onkel Dick und mich – so furchtbar wütend, weißt du, dass ich versuchen wollte, die ‚wunderbare Lampe‘ zu finden, damit ich mir wünschen konnte, dass alles wieder in Ordnung käme und wir alle ‚bis ans Ende unserer Tage glücklich leben‘; aber die verdammte Eiche hat es genauso gut gemacht und war irgendwie schöner, nicht wahr?“

„Unendlich schöner“, antwortete ich.

„Und du wirst nie mehr böse auf Onkel Dick oder mich sein, Tante, oder? Das heißt, nicht furchtbar böse, weißt du?“

„Nie mehr, Liebling.“

"Bei Ihrer Ehre ?"

"Bei meiner Ehre !"

„Also kannst du helfen, Sam?“

„So wahr mir Gott helfe, Sam!“, wiederholte sie lächelnd, aber in ihrer Stimme lagen Tränen.

Sehr ernst zog der Kobold sein „treues Schwert“, das sie, seinen Anweisungen folgend, gehorsam küsste.

„Und jetzt“, rief er, „sind wir alle wieder glücklich, nicht wahr?“

„Glücklicher, als ich es je gehofft oder erträumt habe", antwortete Lisbeth, immer noch auf ihren Knien. „Und oh, Kobold – lieber kleiner Kobold, komm und küss mich."

VIII
DAS LAND DER HERZENSFREUDE

Einen solchen Morgen wie diesen gab es sicher nie und konnte es auch nie wieder geben! Seit dem ersten Morgengrauen hatte mir eine Amsel aus dem duftenden Fliederbusch , der direkt unter meinem Fenster blühte, etwas vorgesungen. Jeden Morgen war ich zur fröhlichen Melodie ihres goldenen Liedes aufgewacht. Doch heute war die Reihenfolge umgekehrt. Ich hatte dort an meinem offenen Fenster gesessen, die süße Reinheit des Morgens eingeatmet und beobachtet, wie sich der östliche Himmel langsam von Perlgrau zu Safran und von Safran zu tiefstem Purpurrot wandelte, bis schließlich die neu aufgegangene Sonne die ganze Welt mit ihrer Pracht erfüllt hatte. Und dann hatte meine Amsel angefangen – zuerst sehr heiser, ab und zu zögerlich einen Ton probierend, als sei sie noch schläfrig und sich ihrer selbst nicht ganz sicher, doch nach und nach waren ihre Töne länger, reicher, sanfter geworden, bis sie hier in Ekstase ihre Seele ausschüttete.

Ach, es hat sicher nie wieder einen solchen Morgen gegeben und kann es auch nie wieder geben!

Aus dem grünen Dämmerlicht des Waldes wehte ein sanfter Wind, beladen mit dem Duft der Erde und verborgener Blumen. Tautropfen glitzerten im Gras und hingen glitzernd an jedem Blatt und Zweig, und über allem schimmerte der murmelnde Fluss.

Die Amsel sang nun in voller Stärke und nach und nach stimmten andere ein – Drossel, Lerche und Hänfling – mit den demütigeren Stimmen vom Bauernhof – bis die sonnige Luft vom Chor erfüllt war.

Plötzlich überquerte ein Mann in einer Weste mit Ärmeln und pfiff laut vor sich hin, und von irgendwo unten erklang ein fröhliches Klappern von Tellern und Schüsseln; und so erwachte das alte Gasthaus, das schon so viele Morgen erlebt hatte, zu einem weiteren. Aber einen solchen Morgen wie diesen gab es nie, und konnte es auch nie geben!

Und kurz darauf, nachdem ich mich mit mehr Sorgfalt als sonst angezogen hatte, ging ich die Treppe hinunter und fand dort im „Sanded Parlour " mein Frühstück vor, das ich am Abend zuvor für diese frühe Stunde bestellt hatte – Schinken und Eier und aromatischer Kaffee, was könnte sich ein Sterblicher mehr wünschen?

Und während ich aß, bedient von dem Zimmermädchen mit den rosigen Wangen, kam Master Amos Baggett, mein Gastgeber, herein, um mir die Zeit zu vertreiben und mir auch zu versichern, dass mein Gepäck den frühen Zug noch erreichen würde. Als ich nach Beendigung meiner Mahlzeit aufstand, hielt er inne, um seine ehrliche Hand völlig unnötig an seiner schneeweißen Schürze abzuwischen, bevor er mir „Auf Wiedersehen" sagte.

Stallknecht erinnert hatte , machte ich mich auf in den Sonnenschein, überquerte die Wiese, wo der ramponierte Wegweiser stand, und gelangte zu einer Reihe holpriger Stufen, an deren Fuß mein Boot vertäut war. Ich stieg ein, warf die Fessel los, packte die Ruder und schoss in den Strom hinaus.

Nein, nie wieder gab es einen solchen Morgen wie diesen, nie konnte es ihn geben, denn heute sollte ich Lisbeth heiraten, und jeder Ruderschlag brachte mich ihr und meinem Glück näher. Fröhlich neigten sich die Erlen und nickten mir zu; freudig pfiffen und sangen die Vögel; fröhlich lachte und plätscherte das Wasser gegen meinen Bug, als ich durch den goldenen Morgen ruderte.

Lange vor der festgesetzten Stunde erreichte ich die Wassertreppe von Fane Court, band mein Boot fest, zündete meine Pfeife an und beobachtete, wie der Rauch langsam in die stille Luft aufstieg, während ich versuchte, „meine Seele in Geduld zu zwingen". Während ich so dasaß, träumte ich viele schöne Träume von dem neuen Leben, das kommen sollte, und fasste viele Vorsätze, wie es ein Mann an seinem Hochzeitsmorgen tun sollte.

Und schließlich kam Lisbeth selbst, schnell, leicht, so schön und süß und frisch wie der Morgen, die jedoch eine Weile innehielt, um sich an die Balustrade zu lehnen und unter der Krempe ihres Hutes auf mich herabzublicken. Ich stand auf und streckte meine Hände nach ihr aus, aber sie stand noch immer da, und ich sah, dass ihre Wangen gerötet waren und ihre Augen schüchtern und zärtlich. So standen wir wieder einmal auf der alten Wassertreppe, sie auf der obersten Stufe, ich auf der unteren; und wieder sah ich den kleinen Fuß unter ihrem Rock langsam und zögernd auf mich zukommen.

„Dick", sagte sie, „Sie wissen, dass Tante Agatha den Kontakt zu mir abgebrochen hat – mich völlig enterbt hat – hatten Sie Zeit, darüber nachzudenken?"

"Ja."

„Und Sie sind ganz – ganz sicher?"

„Ganz genau! Ich glaube, das war mein ganzes Leben lang so."

„Ich bin jetzt mittellos, Dick, ein Bettler, der nichts auf der Welt hat außer den Kleidern, die ich trage."

„Ja", sagte ich und nahm ihre Hände in meine, „meine Bettlerin, die schönste, edelste und süßeste, die sich jemals herabgelassen hat, einem Mann ihre Liebe zu schenken.

„Dick, wie herrlich ist alles heute Morgen – die Erde, der Himmel und der Fluss!“

„Es ist unser Hochzeitsmorgen!“ sagte ich.

„Unser Hochzeitstag“, wiederholte sie flüsternd.

„Und noch nie gab es einen solchen Morgen wie diesen“, sagte ich.

„Aber, Dick, nicht alle Tage sind so wie diese – manchmal müssen Wolken und Stürme aufziehen, und – und – oh Dick! Bist du sicher, dass du es nie, nie bereuen wirst –“

„Ich liebe dich, Lisbeth, im Schatten wie auch im Sonnenschein – ich liebe dich immer und ewig.“ Und so kam Lisbeth, ohne zu zögern, mit dem kleinen Fuß zu mir herunter.

Oh, nie wieder könnte es einen solchen Morgen wie diesen geben!

"Ahoi!"

Ich sah mich erschrocken um und dort stand „Scarlet Sam, der Schrecken der Südsee“, die Mütze keck über ein Auge geschoben, das „mörderische Entermesser“ an der Hüfte und die Arme vor der Brust verschränkt.

„Kobold!“, rief Lisbeth.

„ Avast !“ rief er mit kräftiger Stimme. „ Wohin ?“

Ich blickte Lisbeth hilflos an und sie mich.

„ Wohin , Schiffskamerad?“, brüllte er in nautischer Manier, doch bevor mir eine passende Antwort einfiel, erschien Dorothy mit dem flauschigen Kätzchen „Louise“, das sie wie üblich unter den Arm gekuschelt hatte.

„Wie geht es Ihnen?“, sagte sie sittsam. „Es ist furchtbar nett, so früh aufzustehen, nicht wahr? Wir haben Tante auf Zehenspitzen herumschleichen hören , wissen Sie, also sind wir auch mitgekommen. Reginald sagte, sie würde vorgeben, Einbrecher zu sein, aber ich glaube, sie geht ‚paddeln‘. Und Sie, Tante?“

„Nein, Liebes, nicht heute Morgen“, antwortete Lisbeth kopfschüttelnd.

„Dann gehst du jetzt in Onkel Dicks Boot rudern. Wie schön!“

„Und du nimmst uns doch mit, Onkel Dick, oder?“, rief der Kobold eifrig. „Wir werden Piraten. Ich werde ‚Scarlet Sam‘ sein und du kannst ‚Timothy Bone, der Bootsmann ‘ sein, wie beim letzten Mal.“

„Unmöglich, mein Kobold“, sagte ich fest. Er sah mich einen Moment lang ungläubig an, dann sah er, dass ich es ernst meinte, und seine Lippe begann zu zittern.

„Ich hätte nicht gedacht, dass ‚T-Timothy B-Bone' mich jemals im Stich lassen würde", sagte er und wandte sich ab.

„Oh, Tante!", rief Dorothy, „ willst du uns nicht mitnehmen?"

„Liebling, nicht heute Morgen."

„Gehst du also weit, Onkel Dick?"

„Ja, sehr weit", antwortete ich und blickte unbehaglich von der hängenden Gestalt des Kobolds zu Lisbeth.

"Ich wundere mich wo?"

„Oh – also – äh – die Flüsse hinunter ", stammelte ich, völlig ratlos.

„Ja, aber wo?", beharrte Dorothy.

„Also, um – äh – um –"

„Ins ‚Land der Herzensfreude'", warf Lisbeth ein, „und du kannst schließlich doch mit uns kommen, wenn Onkel Dick dich mitnimmt."

„Das wird er bestimmt, wenn eure Tante es wünscht", rief ich, „also kommt an Bord, meine Lieben, und seid munter!" Im nächsten Moment lag die Hand des Kobolds in meiner und er lächelte mich mit nassen Wimpern an.

„Ich wusste, dass ‚Timothy Bone' niemals ein – ein ‚meuternder Schurke' sein könnte", sagte er und drehte sich mit der Miene eines Admirals auf seinem Flaggschiff um, um Dorothy an Bord zu helfen.

Und nun, da alles bereit war, machte er die Fangleine los oder, wie er sagte, „ ließ unser Kabel gleiten ", und wir glitten mitten in den Strom hinaus.

„Ein Schiff", sagte er nachdenklich, „hat immer einen Namen. Wie sollen wir dieses hier nennen? Letztes Mal waren wir ‚Piraten' und es war die Schwarze Tod –"

„Vergiss das letzte Mal, Kobold", unterbrach ich sie. „Heute ist sie die freudige Hoffnung."

„Das klingt irgendwie nicht sehr nach Piraten", antwortete er mit einem abschätzigen Kopfschütteln, „aber ich schätze, es muss reichen."

Und so stach das gute Schiff Joyful Hope an jenem Sommermorgen in See in Richtung „Land der Herzensfreude", und sicherlich hat kein Schiff seiner Größe jemals zuvor oder danach eine solche Ladung Glück transportiert.

Und wieder stampfte „Scarlet Sam" auf das „Achterdeck" und brüllte Befehle zu „Leewanten" und „Wetterspangen", mit verschiedenen Anweisungen zum „Steuer", während er mit den Augen rollte und sein „mörderisches Entermesser" schwang, wie er es bei einer anderen denkwürdigen Gelegenheit getan hatte. Nie wieder konnte es einen solchen Morgen geben – zumindest für uns beide.

Weiter ging es, vorbei an Binsen, Seggen und Trauerweiden, an tosenden Wehren und höhlenartigen Schleusen vorbei, in den Schatten düsterer Steinbrücken und wieder hinaus ins Sonnenlicht, vorbei an schattigen Wäldern und grünen Hochebenen, bis wir schließlich vor einer Treppe „Anker warfen“, die zu einem besonders abgenutzten Steintor hinaufführte, über dem ein bröckelndes Steinkreuz thront.

„Aber“, rief der Kobold und starrte, „das ist eine Kirche!“

„Imp“, ich nickte, „das glaube ich?“

„Aber wissen Sie, heute ist kein Sonntag“, protestierte er, als er sah, dass wir an Land gehen wollten.

„Mach dir darüber keine Gedanken, Kobold. ‚Je besser die Tat, desto besser der Tag, weißt du.‘“

Weiter ging es, Dorothy mit der flauschigen Louise unter dem Arm und dem Kobold mit dem Entermesser, das an seinem Gürtel baumelte, während Lisbeth und ich die Nachhut bildeten, und als wir weitergingen, schob sie ihre Hand in meine. Auf der Veranda trafen wir auf eine alte Frau, die mit einem Besen und einem sehr großen Staubwedel beschäftigt war. Als sie Dorothys Kätzchen und die „mörderische Waffe“ des Kobolds erblickte, ließ sie zuerst den Staubwedel und dann den Besen fallen und starrte mit offenem Mund und Erstaunen.

Und dort in der düsteren alten Kirche, während die Morgensonne die Fenster über unseren Köpfen in Glanz tauchte und die Vögel unsere Chorsänger waren, wurden die Gelübde ausgetauscht und der Segen ausgesprochen, der Lisbeth und ihre Zukunft in meine Obhut gab; und doch glaube ich, dass wir uns beide der beiden kleinen Gestalten im Dunkel der großen Kirchenbank hinter uns bewusst waren, die mit großen, verwunderten Augen zu uns herüberstarrten.

Nachdem das Register ordnungsgemäß unterzeichnet und alle Formalitäten erledigt sind, gehen wir hinaus in die Sonne. Und wieder einmal verstummt die alte Frau, die nun um eine halbe Krone reicher ist, so sehr, dass ihr die Worte fehlen, als der Kobold seine Federmütze lüftet und ihr höflich „Guten Morgen“ wünscht.

Als wir an Bord der Joyful Hope kamen, entstand eine unangenehme Pause, während der Lisbeth die Kinder ansah und ich sie.

„Wir müssen sie nach Hause bringen“, sagte sie schließlich.

„Wir werden unseren Zug verpassen, Lisbeth.“

„Aber", und dabei errötete sie entzückend, „es besteht wirklich keine Eile; wir können ein – ein späteres Treffen nehmen."

„So sei es", sagte ich und legte unseren Kurs dementsprechend fest.

Eine Zeit lang herrschte Stille, während der der Kobold, als erwarte er einen Angriff blutrünstiger Feinde, mit der Pistole in der Hand finster um sich blickte und, wie er sagte, „sein Auge nach oben hielt", während Dorothy mit verwirrt gerunzelter Stirn von Lisbeth zu mir und wieder zurück blickte.

„Ich glaube wirklich, dass ihr einander geheiratet habt!", sagte sie plötzlich. Der Kobold vergaß sein „Wetterauge" völlig und starrte entsetzt.

„Natürlich nicht!", rief er schließlich. „Onkel Dick würde so etwas nicht tun, oder, Onkel Dick?"

„Ich habe einen Kobold – das gebe ich zu."

„Oh!", rief er in einem Ton tiefster Trauer. „Und du hast ihn gehen lassen und es tun lassen, Tante Lisbeth?"

„Er war so unglaublich, unglaublich hartnäckig, Imp", sagte sie und wurde unter seinem vorwurfsvollen Blick tatsächlich rot.

„Seien Sie nicht zu streng mit uns, Kobold", flehte ich.

„Ich schätze, es lässt sich jetzt nicht mehr ändern", sagte er, ein wenig besänftigt, runzelte aber dennoch streng die Stirn.

„Nein", antwortete ich und blickte auf Lisbeths schönes, errötendes Gesicht, „da lässt sich jetzt wirklich nichts mehr ändern."

„Und du wirst es nie wieder tun?"

„Nie wieder, Kobold."

„Dann vergebe ich dir, nur warum – warum hast du es getan?"

"Also, weißt du, mein Kobold, ich habe ein altes Haus auf dem Land, ein sehr gemütliches altes Haus, aber es ist einsam, schrecklich einsam, wenn man allein lebt. Ich wollte schon lange, dass mir jemand hilft, darin zu leben, aber niemand wollte es wissen, Kobold. Endlich hat unsere Tante Lisbeth versprochen, sich um das Haus und mich zu kümmern, die trostlosen Räume mit ihrer Stimme und ihrer süßen Gegenwart und mein leeres Leben mit ihrem Leben zu füllen. Du kannst noch nicht ganz verstehen, wie viel mir das jetzt bedeutet, Kobold, aber vielleicht wirst du es eines Tages verstehen."

„Aber willst du uns unsere Tante Lisbeth wegnehmen?", rief Dorothy.

„Ja, Liebling", antwortete ich, „aber –"

„Oh, das gefällt mir überhaupt nicht!", rief der Kobold.

„Aber du sollst dorthin kommen und bei uns bleiben, so oft du willst", sagte Lisbeth.

„Das wäre absolut wunderschön!", rief Dorothy.

„Ja, aber wann?", fragte der Kobold düster.

„Bald", antwortete ich.

„Sehr bald!", sagte Lisbeth.

„Versprichst du mir, ,Timothy Bone, der Bootsmann ', der ,Schwarze Ritter' und ,Little John' zu sein, wann immer ich das will – so wahr dir Sam helfe, Onkel Dick?"

„Das werde ich, Kobold."

„Und mir ein Langschwert mit einer – einer ,tödlichen Spitze' machen?"

„Ja", nickte ich, „und ich zeige dir auch ein paar echte."

„Echte?", rief er.

„Oh ja, und auch Rüstungen . Davon gibt es in dem alten Haus eine Menge, weißt du."

„Lasst uns jetzt gehen!", rief er und brachte in seiner Ungeduld beinahe das Boot zum Kentern.

„Oh! O Dick!" rief Lisbeth in diesem Moment, „Dick – da ist Tante!"

„Tante?", wiederholte ich.

„Tante Agatha, und sie sieht uns; schau!"

Als ich den Kopf drehte, bot sich mir ein höchst unerwarteter Anblick. Direkt auf uns zu kam das alte Boot, jenes wettergegerbte Boot, mit dem Lisbeth und ich beinahe unser gemeinsames Leben beendet hätten, wie in diesen Chroniken bereits beschrieben wurde. Auf dem Ruderdeck saß Peter, der Kutscher, und im Heck saß Lady Warburton, sehr grimmig und steif hinten, die Lorgnons vor den Augen.

An ein Entkommen war nicht zu denken, und nach einem halben Dutzend Ruderschlägen waren wir neben der Lorgnon-Batterie und dicht darunter.

„Elizabeth", begann sie in ihrer schwerfälligsten Art und ignorierte meine Anwesenheit völlig, „Elizabeth, Kind, ich erröte für dich."

„Dann tu das bitte nicht, Tante", rief Lisbeth, „das kann ich schon selbst. Ich werde in letzter Zeit dauernd rot", und als wolle sie ihre Worte beweisen, tat sie es sofort.

„Elizabeth", fuhr Lady Warburton fort und spielte dabei mit ihren Lorgnons, „ich habe gestern Abend Ihren sehr schamlosen, undankbaren Brief erhalten. Heute Morgen bin ich zu einer unangenehm frühen Stunde aufgestanden, bin in einem zugigen Zug angereist und nun bin ich in einem leckenden Boot auf einem feuchten und ekligen Fluss unterwegs, mit schrecklich nassen Füßen, aber entschlossen, Sie vor einer Tat zu bewahren, die Sie Ihr Leben lang bereuen könnten."

„Entschuldigen Sie", sagte ich und verbeugte mich tief, „aber solch heldenhafte Hingabe kann nicht genug gewürdigt und bewundert werden. In Lisbeths Namen möchte ich Ihnen dennoch danken."

„Mr. Brent, glaube ich?", sagte sie in einem Tonfall leichter Überraschung, als würde sie meine Anwesenheit zum ersten Mal bemerken.

„Zu Ihren Diensten, Madam!", antwortete ich mit einer weiteren Verbeugung.

„Dann muss ich Sie bitten, mein Mündel unverzüglich nach Fane Court zurückzubringen; sie und die Kinder werden mich sofort nach London begleiten."

„Meine liebe Lady Warburton", sagte ich und stellte mich mit wirklich bewundernswerter Standhaftigkeit vor die Lorgnons, „es betrübt mich, Ihnen diese Bitte abschlagen zu müssen, aber glauben Sie mir, es ist unmöglich!"

„Unmöglich!", wiederholte sie.

"Ganz genau!", antwortete ich. "Hier sehen Sie das gute Schiff Joyful Hope, das ins 'Land der Herzensfreude' aufbricht, und wir an Bord sind alle fest entschlossen, unseren Kurs einzuschlagen."

„,Und wenn der Wind günstig weht und unser Ruder in Lee liegt, dann geht es steil bergauf, meine Seeleute, alle – oh!'", rief der Kobold mit seiner Seemannsstimme.

„Du meine Güte!", rief Lady Warburton und starrte sie an. „Elizabeth, seien Sie so freundlich und sagen Sie mir, was das alles bedeutet. Warum haben Sie diese Kinder aus ihren Betten gezerrt, damit sie zu so einer Stunde an einem schrecklichen Fluss herumhuren?"

„Entschuldigen Sie, Tante, aber sie hat uns nicht mitgeschleift", protestierte der Kobold und verbeugte sich genau so, wie ich es einen Moment zuvor getan hatte.

„Oh nein, wir sind gekommen", nickte Dorothy.

„Und wir haben geheiratet, weißt du", sagte der Kobold.

„Und es war alles sehr, sehr schön", fügte Dorothy hinzu, „sogar Louise hat es sehr genossen!" und sie küsste das flauschige Kätzchen.

„Verheiratet!", rief Lady Warburton entsetzt. „Verheiratet!"

„Sie würden es tun, wissen Sie", seufzte der Kobold.

„Und das ist auch ganz richtig", sagte Dorothy. „Jeder heiratet irgendwann einmal jemanden. Das ist im Moment sehr in Mode. Mama hat das gemacht, und ich werde es vermutlich auch tun, wenn ich groß bin."

„Du meine Güte, Kind!", rief Lady Warburton.

„Ich schätze , du bist darüber wütend, Tante", fuhr der Kobold fort. „Das war ich zuerst – nur ein kleines bisschen; aber Onkel Dick hat ein wundervolles Haus mit Schwertern und Rüstungen , aber leer, und er wollte jemanden darin behalten, der dafür sorgt, dass alles schön ist, nehme ich an, und der singt, weißt du, und auf sein Leben aufpasst. Tante Lisbeth kann singen, und sie wollte gehen, also habe ich ihnen verziehen."

„Oh, tatsächlich, Reginald?", sagte Lady Warburton mit ziemlich seltsamer Stimme, und ich sah, wie die Ecken ihrer hohen, schmalen Nase seltsam zitterten.

„ Entschuldigen Sie, Ma'am", sagte Peter in diesem Moment und tippte an seine Mütze. „Ich verstehe nicht viel von Booten, denn mein Metier sind Schiffe , aber ich glaube wirklich, dass dieses Boot hier sinken wird . "

„Dann rudern Sie sofort zum Ufer", sagte Lady Warburton bestimmt, „und sollte ich es nie lebend erreichen" – hier richtete sie ihre Lorgnone auf Lisbeth – „sollte ich heute tatsächlich in ein nasses Grab geraten, so soll meine Grabinschrift lauten: ‚Ertränkt durch die Undankbarkeit einer Nichte.'"

Doch diese düstere Tragödie konnte glücklicherweise abgewendet werden und Lady Warburton war sicher an Land gegangen. Auf ein Wink von Lisbeth ruderte ich ebenfalls ans Ufer und wir gingen alle gemeinsam von Bord.

Nun wollte es das gütige Schicksal, und das Schicksal war an diesem Morgen sehr gütig, dass der Ort, an dem wir standen, nur einen Steinwurf von den Drei lustigen Anglern entfernt war, und mit der warmen, stillen Luft wehte uns ein wunderbarer Duft entgegen, viel süßer und verführerischer als der Atem von Rosen oder Geißblatt – das köstliche Aroma von bratendem Speck.

Lady Warburton stand uns gegenüber, den Sonnenschirm unter den Arm geklemmt, und sah dabei sehr nach einem Militäroffizier bei einer Parade aus.

„Dorothy und Reginald", sagte sie mit kurzer, scharfer Befehlsstimme, „verabschieden Sie sich von Ihrer Tante Lisbeth und begleiten Sie mich sofort nach Hause."

„Nein, nein", rief Lisbeth und streckte flehend die Hände aus. „Du wirst uns nicht so verlassen, Tante – der Liebe zuliebe, die ich dir immer entgegenbringen werde, und – und –"

„Elizabeth, ich habe mich von deiner Kindheit an um dich gekümmert. Undankbarkeit ist meine Vergeltung. Ich habe dich vom Kind zur Frau heranwachsen sehen. Ich habe eine Zukunft für dich geplant; du hast diese Pläne zerstört. Ich könnte dir sagen, dass ich eine einsame, enttäuschte alte Frau bin, die dich viel mehr geliebt hat, als sie dachte, aber das werde ich nicht tun!"

"Liebe, liebe Tante Agatha, hast du mich so sehr geliebt, und ich hätte es nie erraten; du würdest es mich nicht lassen, siehst du. Ach! Halte mich nicht für undankbar, aber wenn eine Frau heiraten will, muss sie selbst entscheiden, so wie ich es getan habe; und ich bin glücklich, lieb, und stolz auf meine Wahl – stolz, die wahre Liebe eines wahren Mannes gewonnen zu haben; nur halte mich nicht für undankbar. Und wenn dies ein Abschied sein muss, lass uns nicht so auseinandergehen – um meinetwillen und um deinetwillen und um meines – Mannes willen."

Lady Warburton hatte sich abgewandt, und es entstand eine etwas peinliche Pause.

„Elizabeth", sagte sie plötzlich, „wenn ich mich nicht irre, brät gerade jemand irgendwo Speck und ich habe furchtbaren Hunger."

„Ich auch", rief der Kobold.

„Und ich auch", mischte sich Dorothy ein.

„Dann nehmen wir an, wir frühstücken", schlug ich vor, und in kürzester Zeit führte ich den Weg über die Grünfläche, mit Lady Warburton am Arm – sie lehnte sich tatsächlich an meinen Arm. Es ging alles so schnell, dass nur der Himmel und Lisbeth wissen, wie sie dorthin gekommen ist.

Und wer war nun so überrascht, uns zu sehen, wie der ehrliche Amos Baggett, der uns mit vielen Verbeugungen und Lächeln in den Sanded Parlour führte , wo bald das Frühstück fertig war? Und wer kümmerte sich so schnell und geschickt um unsere Wünsche, wie das Zimmermädchen mit den rosigen Wangen?

Und was für ein Frühstück das war! Noch nie hatten die antiken Feuerböcke auf dem Kamin, die Zinnteller und -schüsseln an den Wänden und die messingbeschlagene Donnerbüchse über dem Kaminsims so glänzend und poliert gewirkt, und sicherlich hatten sie noch nie eine fröhlichere Gesellschaft erhellt. Die Bemerkungen des Kobolds waren zwar etwas selten, aber das lag einfach an der Brombeermarmelade.

„Ich schätze, Sie sind beide unglaublich glücklich", sagte Lady Warburton und musterte uns über ihre Kaffeetasse hinweg.

„Das ist völlig absurd!", antwortete Lisbeth und errötete augenblicklich.

„Absurd!", nickte ich.

„Natürlich!", sagte Lady Warburton, stellte ihre Tasse ab und seufzte, während ich mich fragte, welche Erinnerungen ihr beschränktes Leben wohl bereithalten mochte.

„Onkel Dick", sagte der Kobold plötzlich, „glaubst du, Scarlet Sam hat jemals Brombeermarmelade gegessen?"

„Zweifellos, mein Kobold, wenn er es bekommen könnte." Dies schien ihn sehr zu beruhigen, denn er nahm noch eine Portion.

Aber leider hat alles ein Ende, auch so ein Frühstück. Und bald waren wir wieder draußen in der Sonne und standen unter dem verwitterten Schild, auf dem drei verblichene Fischer mit verblichenen Ruten in einem verblichenen Bach fischten. Weiter unten auf der Straße sahen wir Peter bereits mit der Kutsche näherkommen.

„Und jetzt gehen Sie wohl?", sagte Lady Warburton.

„Um halb elf fährt ein Zug", antwortete ich.

„Und wir gehen auch!", sagte Dorothy.

„Ja, wir sind bereit, Onkel Dick", rief der Kobold und steckte seine Pistolen in den Gürtel.

„Aber ihr würdet mich doch nicht ganz allein lassen, oder, Kinder?", fragte Lady Warburton, und in ihrem scharfen Gesicht lag eine gewisse Wehmut, die neu zu sein schien.

„Natürlich nicht", seufzte der Kobold, „nur –"

„Wir müssen bleiben und auf sie aufpassen, Reginald", nickte Dorothy entschlossen.

„Ja, ich werde auf dich aufpassen, Tante, mit Lanze , Streitaxt und Schwert, Tag und Nacht", sagte der Kobold, „nur – ich hätte Onkel Dicks wundervolles Haus mit den echten Schwertern und Rüstungen im Land der Herzensfreude gern gesehen – eines Tages , weißt du."

„Und das sollst du", rief Lady Warburton und bückte sich tatsächlich, um ihn und dann Dorothy zu küssen. Es waren vielleicht ein bisschen ‚pickende' Küsse, aber nichtsdestotrotz sehr aufrichtige Küsse.

„Richard", sagte sie und gab mir die Hand, „wir kommen nächste Woche alle drei zu Deinem wundervollen Haus, also sei vorbereitet – und jetzt geht, ihr beide."

„Dann vergibst du mir, Tante?" fragte Lisbeth zögernd.

"Nun, ich weiß es noch nicht genau, Lisbeth; aber, meine Liebe, ich werde dir etwas sagen, was ich noch nie einer lebenden Seele außer dir erzählt habe; wenn ich vor vierzig Jahren so gehandelt hätte wie du heute, wäre ich ein ganz anderes Geschöpf gewesen als die mürrische alte Frau, für die du mich hältst. Da – da ist ein Kuss, aber dir zu vergeben – das ist eine ganz andere Sache; ich muss Zeit haben, über alles nachzudenken. Leb wohl, meine Liebe; und, Richard, erfülle ihr Leben mit Glück, um meines auszugleichen, wenn du kannst. Kinder, verabschiedet euch von eurer Tante – und Onkel Dick!"

„Du wirst das Schwert mit der ‚tödlichen Spitze' nicht vergessen, oder, Onkel Dick?"

„Ich werde es nicht vergessen, mein Kobold!" Hierauf versuchte er zu lächeln, aber seine zitternden Lippen weigerten sich, und er riss sein Band von meinem los und wandte sich ab; Dorothy aber schluchzte in das Fell des flauschigen Kätzchens.

Dann half ich Lisbeth an Bord der Joyful Hope, liebte sie umso mehr wegen der Tränen, die unter ihren langen Wimpern glänzten, und wir „warfen uns los" und glitten auf den Strom hinaus.

Da standen sie nun, die beiden Kinder, mit der weißhaarigen Gestalt zwischen ihnen, Dorothy hielt die rundäugige „Louise" für einen Abschiedsblick hoch und der Kobold schwang sein Entermesser, bis eine Flussbiegung sie vor ihrem Blick verbarg.

So segelten Lisbeth und ich gemeinsam durch den goldenen Morgen ins „Land der Herzensfreude".

9 789359 947464